ERNESTO PETRICCA

AZIENDA SMART

**Strategie per Realizzare un'Azienda
di Successo con il Metodo D.I.G.E.R.**

Titolo

"AZIENDA SMART"

Autore

Ernesto Petricca

Editore

Bruno Editore

Sito internet

http://www.brunoeditore.it

Sommario

Introduzione   pag. 5

Capitolo 1: Come raggiungere il tuo obiettivo aziendale   pag. 13

Capitolo 2: Come diventare protagonista del successo   pag. 26

Capitolo 3: Come trasformare le insidie in opportunità   pag. 51

Capitolo 4: Come evitare le insidie nel percorso   pag. 67

Capitolo 5: Come rendere competitiva la tua azienda   pag. 92

Conclusione   pag. 116

Introduzione

«Il mio settore è in crisi»; «C'è troppa pressione fiscale»; «Non paga più nessuno»; «Le banche non erogano più soldi»; «La globalizzazione ha rovinato il sistema»; «La burocrazia non ci permette di fare impresa»; «I costi aziendali, soprattutto quelli legati al lavoro, sono diventati insostenibili»: sono alcune delle problematiche con le quali, normalmente, si apre un dialogo con il vertice di un'impresa. Le ho elencate perché, pur non essendo esaustive, danno il senso dell'area in cui l'imprenditore vuole che si agisca per migliorare i risultati aziendali. E come dargli torto!

Di fronte a questi problemi c'è chi chiude bottega e chi ha successo, chi fallisce e chi continua a espandersi. Eppure non risulta che coloro che hanno successo siano stati in grado di fermare la crisi, o di convincere le banche a erogare denaro o lo Stato ad abbassare la pressione fiscale.

Qual è allora il segreto del successo? Come può un imprenditore davanti a tante difficoltà trovare il bandolo della matassa e invertire la rotta? Da quasi vent'anni vivo a diretto contatto con imprenditori e aziende, con le famigerate piccole e medie imprese, le PMI, quelle, per intenderci, che costituiscono il cuore produttivo del nostro Paese, quelle che determinano il vero Made in Italy, quelle che rappresentano la nostra cultura e il nostro modo di fare.

Voglio dedicare questo libro proprio agli imprenditori e agli operatori economici delle piccole e medie imprese perché, dopo tanti anni di esperienza sul campo e di studio delle dinamiche che contraddistinguono la vita di un'azienda e i suoi processi, ho maturato un desiderio: contribuire alla soluzione delle problematiche quotidiane che riscontro nelle imprese.

Per questo motivo, ho cercato un termine che potesse sintetizzare le mosse giuste da fare, ed è nato così D.I.G.E.R., che non è solo un acronimo, ma racchiude le fasi principali da seguire per rendere l'azienda più efficiente e più efficace.

Nel tempo, e grazie alla pazienza dei miei clienti, questo metodo ha cambiato il modo di vedere l'azienda, di fare delle scelte e, più in generale, di pensare al business.

C'è un'altra categoria a cui vorrei dedicare questo libro: quella degli startupper, coloro che hanno deciso di aprire un'attività o sono in procinto di farlo. Sono consapevole che non si tratta di aziende già strutturate, ma è importante partire con il piede giusto che, in questo caso, significa applicare le regole, i principi e gli strumenti del metodo da me denominato D.I.G.E.R. fin dalla creazione dell'impresa. Questo permetterà maggiore controllo delle dinamiche e della consapevolezza dell'imprenditore sulle decisioni da prendere e sulla direzione presa.

Questo libro nasce quindi per dare un contributo concreto, uno schema di lavoro e di comportamento che rappresenta, per la mia esperienza, un nuovo modo di gestire l'intero processo aziendale, un nuovo modo di pensare e di agire per fare in modo che i problemi non siano più la conseguenza di azioni sbagliate, ma una questione che determina un adattamento o un comportamento particolare per evitare conseguenze negative.

Nel corso degli anni ho ricoperto svariati ruoli in imprese di diversi settori, da amministratore unico a direttore commerciale, e ho avuto anche la fortuna di dirigere un'associazione di categoria imprenditoriale per più di un decennio, condividendo quotidianamente gioie, dolori, passioni e sfide con coloro che sono "sul campo di battaglia" (espressione colorita, spesso utilizzata dagli imprenditori), ascoltando e osservando quello che succede nelle aziende e soprattutto le intense emozioni vissute ogni giorno da coloro che guidano e che prendono decisioni nelle imprese.

Il presupposto iniziale da cui nasce il libro è il seguente: ogni volta che incontro un imprenditore o il suo management, il *focus* principale dell'incontro risiede in quella che definisco la "logica matematica", quella dei numeri, quella del bilancio e della finanza, tanto per intenderci.

Non che la cosa sia sbagliata, ma l'elemento che va ripensato è "l'esclusività" di questo *focus* perché, nel corso degli ultimi anni, ho compreso che, al di là dei numeri, del fatturato, dei bilanci, dei budget e delle vendite, c'è un sistema, un *modus operandi* che contraddistingue e spesso determina la vita e il successo di un'azienda. E, nella maggior parte dei casi, conta molto più dei numeri.

Nella mia esperienza sul campo ho compreso che i dati economici e finanziari che contraddistinguono un'impresa sono quasi sempre il frutto e la conseguenza di tutti i punti e i principi che affronterò e spiegherò nel percorso conoscitivo del metodo D.I.G.E.R.

Facciamo riferimento agli aspetti meno visibili, quelli che fanno capo alle persone che sono in azienda: al modo di pensare e di agire proprio di ogni individuo. A quegli aspetti, insomma, che determinano la direzione e l'agire dell'impresa, dell'imprenditore e dei suoi collaboratori, e che riguardano il modo di fare le cose e la capacità di andare tutti nella stessa direzione.

Attraverso questo libro si potranno comprendere le principali dinamiche che possono determinare il successo o il fallimento di un sistema aziendale, i motivi che stanno alla base delle incomprensioni interne che impediscono lo sviluppo di nuovi business o il consolidamento di quelli attuali. Infine, si comprenderà il motivo per cui molti imprenditori, pur impegnandosi allo stremo sugli aspetti economici e finanziari dell'impresa e sugli strumenti più evoluti per il controllo di gestione, non raggiungono i risultati previsti e tanto attesi.

Dalle risposte a questi problemi nasce il metodo D.I.G.E.R., un acronimo che richiama anche un concetto, quello della "digeribilità" delle spiegazioni e dei processi che, a volte, gli operatori economici considerano concetti teorici e poco adatti alla realtà. Purtroppo per loro, a pensarlo sono quegli stessi imprenditori che non riescono a controllare la propria azienda sia nei momenti di difficoltà, sia in quelli di successo.

D.I.G.E.R. è un metodo non scientifico, ma pratico, usato da chi, come me, ogni giorno si trova a confrontarsi con i problemi aziendali, in un continuo scambio di idee, consigli con i collaboratori, all'interno, e i consulenti, all'esterno dell'azienda.

Questo libro è la guida di un percorso di crescita fatto di principi, esercizi e riferimenti pratici, al fine di dare uno strumento attraverso il quale molte situazioni apparentemente e razionalmente inspiegabili saranno chiarite in modo semplice e pratico. Per rendere chiaro, immediato e concreto il metodo, ho sintetizzato tutti i concetti in 5 azioni aziendali, che hanno una grande valenza e un notevole potere non solo nel campo imprenditoriale ma anche in quello personale:

- definire;
- includere;
- governare;
- evitare;
- ricercare.

Concludo questa introduzione con un modo di dire comune, dedicato a tutti coloro che vivono con certezze esteriori ma con altrettante incertezze interiori e ai quali voglio comunicare il metodo D.I.G.E.R.

Sto parlando di quelli che sono concentrati sul prodotto, quelli che hanno il bilancio in equilibrio, quelli che "i conti ridanno, ma i soldi non ci sono", quelli che non riescono a capire perché le banche non li aiutino quando ne hanno bisogno ("eppure, quando le cose andavano bene, erano così disponibili") e, infine, quelli che pensano che basti pagare uno stipendio per avere il massimo dai propri collaboratori!

Prendo in prestito le parole di un imprenditore del manifatturiero, che una volta mi disse: «Caro direttore, qui il filo è a filo, il piombo è a piombo ma... il muro è storto! Com'è possibile?»

E da quel giorno sto lavorando su questo libro per darvi la risposta!

Buona lettura e buon lavoro!
Ernesto Petricca

Capitolo 1:
Come raggiungere il tuo obiettivo aziendale

«I sogni son desideri», così recitava la canzone del film di animazione *Cenerentola*. Per quanto possa sembrarti strano, per confezionare un buon obiettivo aziendale bisogna partire dai desideri! Quando pensiamo agli obiettivi, di norma pensiamo in automatico a elementi tecnico-manageriali; il nostro cervello è abituato a caricare subito numeri relativi al fatturato, all'utile d'impresa e ad altri indicatori economici e finanziari.

Applicando il metodo D.I.G.E.R. parliamo invece di qualcosa di emozionante, di una visione sul futuro, di quella che immaginiamo essere la situazione che vogliamo vivere, una storia emozionante che ci proietta nel futuro che vogliamo realizzare.

Quando parliamo di quello che desideriamo, stiamo parlando soprattutto di ciò che ci rende felici. Questo aspetto, apparentemente banale, mette in crisi molti imprenditori che danno per scontato che sia facile. Ma non lo è affatto, perché quando parliamo di quello che vogliamo realizzare dobbiamo concentrarci su immagini, su sensazioni che dobbiamo creare, e non soltanto sulla riposta a un problema che stiamo vivendo oggi. Questo è un punto fondamentale perché, nella maggior parte dei casi, gli imprenditori pensano che la storia del futuro sia semplicemente la soluzione del problema di oggi.

Una risposta classica alla domanda «Cosa desideri per la tua azienda?» è «Fatturare di più». Ma alla domanda successiva – «Perché?» – le risposte si fanno un po' più confuse. E invece occorre avere un'idea chiara di cosa succede se si fattura di più.

Faccio un esempio: un mio cliente, un imprenditore, dopo aver lavorato su questo aspetto arrivò alla seguente conclusione: «Desidero fatturare di più perché in questo modo posso investire su un sistema di controllo e di gestione e, di conseguenza, essere più libero di vivere i miei spazi personali di vita quotidiana e fare, oltre all'imprenditore, qualcosa che mi piace».

Come si può notare, qui c'è un desiderio profondo che si declina nel vero motivo, quello più voluto e atteso, cioè vivere gli spazi personali, fare qualcosa che piace, al di là del lavoro!

Dove vorresti essere tra cinque anni?

Negli ultimi anni, durante i confronti avuti con centinaia di imprenditori, a un certo punto facevo una domanda chiave: «Come e dove ti vedi tra cinque anni?» Nel raccogliere le risposte, mi sono reso conto che potevano essere più o meno racchiuse in due grandi categorie:

1) Risposte ben dettagliate quando si faceva riferimento all'azienda.

2) Risposte generiche, e nella maggior parte dei casi ironiche, quando si faceva riferimento a sé stessi. Ecco alcuni esempi: «In Brasile su una spiaggia»; «Chissà se ci sarò tra cinque anni»; «Non so che farò domani, come pensi che possa risponderti?»

Prima che mi abituassi a queste riposte, spesso mi domandavo: «Ma se non lo sa lui, che è il capo, dove vuole stare tra cinque anni, come può un'azienda andare avanti con idee chiare e convinzioni concrete sul futuro?» La questione che le persone che ho intervistato non vogliono affrontare è che la felicità sembra un concetto astratto, ma in realtà è un vissuto che bisogna costruire partendo dai desideri da realizzare, altrimenti non esiste!

SEGRETO n. 1: cerca di visualizzare il tuo futuro e di viverlo intensamente come se lo stessi vivendo in questo momento, utilizzando tutti e cinque i sensi; solo così potrai percepire le vere emozioni e dare la giusta direzione alla tua azienda.

Visualizzarti nel futuro – con chi sei, cosa fai, come passi le tue giornate – è un lavoro importante perché mette a nudo i tuoi desideri, i tuoi sogni e i tuoi obiettivi, ed è su questo che un vero capo d'azienda deve lavorare, caricando questa visione sul futuro di dettagli ed elementi che lo aiutino a vivere emozionalmente l'esperienza da realizzare. Perché più ci si emoziona davanti a questa visione, più si attiva la voglia di fare per arrivarci per davvero.

Mi è capitato troppe volte, in questi anni, di lavorare con imprenditori privi di una visione emozionante sul futuro. Non è solo una questione di ottimismo e di pessimismo, ma della voglia di vivere il futuro che si desidera. Non si può vivere solo in relazione ai problemi di oggi o, peggio, in relazione a chi siamo stati nel passato o, addirittura, a cosa non saremo più (in un'accezione negativa). In questo modo si rinuncia ad avere un futuro positivo, e questo vale sia per l'imprenditore sia per l'azienda.

Ci sono imprenditori che rischiano tutto per un affare, per una commessa, per l'acquisto di un capannone o di macchinari particolarmente costosi, ma hanno paura quando si tratta di osare sulla propria felicità, di pensare e di organizzarsi per arrivare a essere più felici, quasi fosse una colpa essere e sentirsi felici! L'importanza di questo concetto risiede in un termine utilizzato con troppa facilità e poca riflessione: cambiamento.

In sostanza, se le cose non vanno bene in azienda e bisogna cambiare qualcosa, è necessario che la governance – l'imprenditore, i soci, i manager – abbia chiara la direzione da prendere. D'altronde, come posso prendere la giusta via se non so dove sto andando? Come posso guidare un'azienda se io stesso non ho chiaro cosa desidero? L'azienda non ha il pilota automatico, deve essere guidata da un leader, o da una leadership, che abbia una visione chiara del futuro dell'azienda ma, soprattutto, dei propri sogni da realizzare.

SEGRETO n. 2: avere una visione sul futuro non significa rispondere ai problemi di oggi: devi andare oltre le situazioni che vivi nella quotidianità, altrimenti rimarrai sempre imbrigliato nel presente.

Il gioco dei 5 perché

Partiamo da un concetto fondamentale: se non c'è energia interiore, non si attiva il cambiamento e tutto quello che si farà in azienda sarà generato da un atteggiamento "reattivo" rispetto ai problemi e non "proattivo" rispetto a ciò che si desidera. Tirare fuori questa forte energia dalla pancia, però, non è facile e questa difficoltà è testimoniata dai problemi che si riscontrano nelle aziende, non solo relativamente all'imprenditore, ma anche ai dirigenti e ai gruppi di lavoro.

Nelle aziende che conosco, ho potuto toccare con mano questa difficoltà: la definizione di un futuro vissuto e sentito viene inquadrata come qualcosa di teorico, di filosofico quasi, e quindi un ostacolo alla gestione aziendale e, soprattutto, al cambiamento reale e concreto di cui l'azienda necessita. Ma non è affatto così.

Oggi il vero problema è che non c'è voglia di definire il futuro in maniera coerente con le proprie aspettative e i propri desideri e la conseguenza più diretta è che si continua a girare intorno ai problemi, si rimane lì e si cercano alibi, si danno colpe a terzi ma in realtà quello che manca è un faro, la spinta verso – o il desiderio di andare verso – qualcosa di specifico. Non si crea la giusta tensione verso una meta definita e quindi la domanda che spesso aleggia tra le 4:00 le 5:00 del mattino in testa all'imprenditore è: «Che devo fare?»

Per risolvere questo problema ti propongo un piccolo gioco, denominato dei 5 perché. Il gioco apparentemente è molto semplice, ma ti consiglio fin da subito di prenderlo sul serio perché, non di rado, capita di sentire persone che hanno grosse difficoltà ad arrivare alla fine.

In sostanza si tratta di prendere un foglio e una penna e scrivere un obiettivo che si vuole raggiungere; di proposito non faccio esempi perché potrei condizionare coloro che desiderano farlo. Appena fissato e scritto l'obiettivo, domandati perché vuoi raggiungerlo "veramente"; scrivi questo motivo e, subito dopo, domandati di nuovo il perché.

È importante la risposta che hai dato e scritto al primo "perché", e così di seguito fino ad arrivare alla risposta del quinto "perché". Confronta la risposta data al quinto "perché" con il primo obiettivo che hai definito per iscritto e vedrai che le ragioni dell'obiettivo iniziale sono ben più profonde e motivanti rispetto a quando hai iniziato il gioco.

In sintesi, occorre cercare le vere ragioni che si celano dietro gli obiettivi che si vogliono raggiungere, che si trovano dentro ognuno di noi. Le aziende di successo sono quelle in cui i motivi e le ragioni che si celano dietro agli obiettivi dichiarati sono chiari e vengono fatti propri dai membri della struttura; sono quelle in cui tutti si sentono partecipi di un progetto, di un percorso, e lo condividono perché se lo sentono addosso. Cosa che, nella mia esperienza, ho visto molto di rado.

SEGRETO n. 3: quando ti domandi perché desideri qualcosa, non ti accontentare della prima risposta che dai, continua a domandarti il perché fino ad arrivare ai motivi più profondi.

Definisci il vero obiettivo: quello di fine

Se hai chiaro cosa desideri, puoi passare all'obiettivo. Seguendo i punti precedenti avrai più chiaro perché vuoi raggiungerlo, a cosa ti serve e a cosa ti porta.

Quando si parla di obiettivi, in azienda scatta istintivamente il principio economico, quindi si parla di obiettivo di fatturato, di vendita, di margine sul prodotto, di riduzione dei costi... Questi sono gli obiettivi dichiarati. Ma sei sicuro che siano i veri obiettivi? Oppure stabilire questi obiettivi serve per arrivare a qualcos'altro?

Questo non significa che il vero obiettivo sia diverso da quello dichiarato, ma ci aiuta a individuare un'importante differenza: quella tra gli obiettivi di mezzo e gli obiettivi di fine. Fatturare di più, vendere di più o ridurre i costi non sono obiettivi fini a sé stessi, ma permettono di arrivare da qualche parte: ecco perché diventano obiettivi di mezzo. Un obiettivo di mezzo, come dice la parola stessa, è propedeutico a qualcos'altro, è un passaggio importante per arrivare allo scopo, al punto finale.

Ma cos'è realmente un obiettivo di fine? È la traduzione del sogno e del desiderio in qualcosa di specifico, misurabile e temporizzato, è la traduzione del sogno in qualcosa di realizzabile e concreto. Facciamo un esempio riprendendo quello precedente: l'imprenditore dichiara che occorre fatturare di più, ma in realtà il suo obiettivo personale è arrivare ad avere più tempo per la sua vita privata. In sintesi, dietro ciò che dichiariamo come obiettivo si cela qualcosa di più profondo, rappresentato dall'obiettivo di fine, ed è su questo che dobbiamo lavorare con dedizione e applicazione: in questo modo possiamo attivare le azioni che ci aiuteranno a soddisfare i nostri veri bisogni.

Anche se la questione sembra appartenere solo alla singola persona, non dobbiamo farci ingannare. L'azienda è fatta anche di persone e il loro valore e partecipazione sono diventati fattori determinanti per il successo o il fallimento dell'azienda stessa. Come si può pensare di avere successo in un contesto dove le persone hanno obiettivi discordanti e non si sentono parte di un insieme che mira a raggiungere un traguardo comune?

Per un imprenditore che ogni giorno lotta contro le difficoltà interne ed esterne all'azienda, sapere "chi glie lo fa fare" è necessario per la sua motivazione e per la sopravvivenza dell'azienda ed è proprio dietro questa spiegazione sincera e profonda che troviamo l'obiettivo di fine. Proviamo a pensare alla differenza che può esserci tra un imprenditore che ha un obiettivo di fine (scopo) fortemente motivante e sfidante, sul quale si gioca la sua felicità, e un altro imprenditore che, invece, rincorre continuamente obiettivi di mezzo (fatturato, marginalità, maggiore utile...) senza capire con esattezza quale sia il vero scopo di tutta questa frenetica attività quotidiana.

C'è un detto che spesso utilizzo nel confronto con gli imprenditori, a volte anche in maniera provocatoria: «I soldi non fanno la felicità». Non so se sia vero o no, non sta a me dirlo; è interessante però capire se, grazie ai soldi, un imprenditore possa dire di vivere una "vita di qualità".

SEGRETO n. 4: la maggior parte delle volte, gli obiettivi che fissiamo nelle aziende sono obiettivi di mezzo e non obiettivi di fine e questo limita il potenziale dell'azienda nel futuro.

RIEPILOGO DEL CAPITOLO 1:

- SEGRETO n. 1: cerca di visualizzare il tuo futuro e di viverlo intensamente come se lo stessi vivendo in questo momento, utilizzando tutti e cinque i sensi; solo così potrai percepire le vere emozioni e dare la giusta direzione alla tua azienda.

- SEGRETO n. 2: avere una visione sul futuro non significa rispondere ai problemi di oggi: devi andare oltre le situazioni che vivi nella quotidianità, altrimenti rimarrai sempre imbrigliato nel presente.

- SEGRETO n. 3: quando ti domandi perché desideri qualcosa, non ti accontentare della prima risposta che dai, continua a domandarti il perché fino ad arrivare ai motivi più profondi.

- SEGRETO n. 4: la maggior parte delle volte, gli obiettivi che fissiamo nelle aziende sono obiettivi di mezzo e non obiettivi di fine e questo limita il potenziale dell'azienda nel futuro.

Capitolo 2:
Come diventare protagonista del successo

Nella maggior parte dei casi, la definizione di un obiettivo, per quanto ben strutturato, per l'imprenditore diventa una sorta di punto di arrivo ed è su questo aspetto che vorrei tornare.

Una volta che ha determinato il risultato da ottenere e lo ha comunicato alla struttura, l'imprenditore si sente come appagato. D'altronde, se l'obiettivo è chiaro e ognuno sa quello che deve fare, il raggiungimento dei risultati dovrebbe essere certo. Non mancherà certo il controllo perché, si sa, "l'occhio del padrone ingrassa il cavallo" – che è uno dei punti su cui gli imprenditori tendenzialmente concordano – ma in linea di massima, se è chiaro dove andare, ci si aspetta che le persone facciano le cose per bene.

Pur semplificando molto il ragionamento, questo è ciò che di norma succede ma, come vedremo, questo modo di fare è confutabile e, soprattutto, non garantisce il risultato finale. Volendo essere più moderni, possiamo dire che è un modo anacronistico di pensare ai processi aziendali per raggiungere i risultati.

Iniziamo anche questa parte con un semplice assunto di base: dopo aver definito gli obiettivi di fine e di mezzo, occorre comunicarli ai vari livelli aziendali. Il primo problema riscontrato è che, di norma, i livelli gerarchici inferiori assumono questi obiettivi come calati dall'alto, come un dogma da seguire e al quale obbedire. Nelle aziende più strutturate, ad esempio, ci sono i software adibiti ai processi organizzativi che recapitano le varie fasi e attività del lavoro – tempi di consegna, quando lo devi fare, come lo devi fare – e, di conseguenza, ci sarà qualcuno che lo farà.

Questo processo diventa l'unica preoccupazione dell'azienda: strutturare, pianificare e far eseguire. In questo modo si agisce su tempi e processi adottando schemi quali il Gantt o il Pert, lasciando però poco spazio di autonomia a quello che potremmo definire il più grande patrimonio aziendale: le persone. La domanda chiave, a questo punto, è la seguente: quanto sono motivate le persone che lavorano in questo modo? E cosa bisogna aspettarsi da loro?

Includi la tua visione (sul futuro) in azienda

C'è un termine che ritrovo spesso nei Manuali della Qualità delle aziende certificate: *vision*. E vorrei partire proprio da questo termine per una riflessione sui meccanismi di inclusione aziendale.

Solo in rare occasioni ho potuto notare aziende che hanno dato il giusto peso alla questione della vision aziendale. La maggior parte delle volte era poco più di una manifestazione di intenti. In realtà, nel mio modo di vedere la vita aziendale, il ruolo della visione del leader sul futuro dell'azienda è fondamentale, soprattutto quando si è di fronte a una visione profonda e sentita che ha come punto fermo la voglia e il desiderio di realizzare qualcosa che viene definito nel dialogo con sé stessi.

SEGRETO n. 5: condividere la vision in azienda è fondamentale per dare la giusta direzione all'agire

organizzato e per stabilire non solo cosa fare, ma anche come farlo.

Qui il rapporto tra imprenditore e individuo e tra imprenditore/individuo e i suoi collaboratori viene portato al massimo livello, fino alla perfetta comprensione, condivisione e sincronizzazione della vision all'interno di tutto il perimetro aziendale e anche fuori (si pensi ad esempio al ruolo dei consulenti esterni e dei fornitori).

Di conseguenza possiamo immaginare quali elementi emotivi positivi si inneschino, per l'intera organizzazione, quando la visione sul futuro è chiara, identificata e desiderata con la giusta tensione e parte dal leader, ma viene assunta, capita e metabolizzata dall'intera organizzazione. Questo elemento è ancora più importante quando si parla di piccole e medie imprese, dove lo spirito di squadra e l'unione di intenti creano il valore aggiunto dell'azienda sul mercato, sul piano economico, ma anche su quello dei valori espressi.

Per arrivare a ottenere la partecipazione di tutti, ed elevati livelli di performance, occorre quindi tenere conto delle persone che fanno parte dell'organizzazione e non pensare di poter fissare qualcosa dall'alto e aspettare che i risultati arrivino senza dover aggiungere nulla, se non la pianificazione e il controllo. Includere la propria visione sul futuro in azienda significa anche dare voce agli obiettivi, definire come attuare e strutturare concretamente le azioni che renderanno e trasformeranno lo scenario da realistico a reale!

La prima domanda da porsi è: rispetto agli obiettivi che ho definito, quali azioni devo mettere in pratica? Arriva il momento di fare, di scrivere le azioni che intendiamo mettere in atto, di capire quali sono le potenzialità a disposizione, di mettere in relazione l'utilità di queste azioni rispetto allo scenario futuro che abbiamo in mente di realizzare.

Pensare alle azioni da mettere in pratica significa anche tenere conto della coerenza che bisogna mantenere tra ciò che si definisce e ciò che si fa e, di conseguenza, definire gli step di controllo per capire se effettivamente la direzione è quella giusta.

SEGRETO n. 6: quando si genera un piano d'azione occorre necessariamente essere coerenti con la vision e con gli obiettivi fissati: questi diventano il mantra su cui dare spazio all'agire organizzato.

L'effetto più concreto che si ottiene quando si segue questo modo di fare è l'acquisizione della consapevolezza di sé stessi, delle azioni intraprese e della responsabilità, cioè la capacità di mantenere fede agli impegni presi.

L'aver maturato la consapevolezza della bontà delle azioni definite, anche se lascia sempre spazio a paure e incertezze, rappresenta la vera sfida per andare avanti, in azienda come nella vita.

Quando l'imprenditore e il management sono capaci di immettere questo sistema in azienda, facendo in modo che le azioni definite diventino patrimonio di tutta l'azienda, allora le attività diventeranno gratificanti e sfidanti allo stesso tempo, perché ogni attore del sistema prende coscienza dell'importante contributo che dà al raggiungimento degli obiettivi.

Crea un vero "team" e non semplicemente un "gruppo"

Nel paragrafo precedente abbiamo visto l'importanza dell'includere la visione e gli obiettivi del vertice aziendale nella struttura organizzativa. Queste azioni possono diventare efficienti ed efficaci a condizione che all'interno dell'azienda ci siano dei team e non dei semplici gruppi di persone. Questa distinzione, per quanto semplice nei termini, va approfondita nei contenuti.

Evidenziamo subito la differenza che intercorre tra i due concetti. Un **gruppo** è un insieme di persone di natura spontanea (come ad esempio un gruppo di amici) o non spontanea (ad esempio una classe scolastica). Un **team** è un insieme ristretto di persone, con competenze diffuse e complementari e ruoli ben definiti, che perseguono obiettivi comuni e condivisi.

In azienda è necessario che si crei la logica del team. Ho maturato questa consapevolezza attraverso anni di dialogo con imprenditori che lamentavano la mancanza di coesione e di spirito di squadra nella propria azienda.

Vedremo nel prosieguo del capitolo come questo limite sia dettato da alcune convinzioni che non tengono conto dei meccanismi legati al concetto di inclusione. Adesso però iniziamo con il dare qualche suggerimento pratico.

a) I team più efficienti, mediamente, sono quelli che non superano il numero di 10 componenti (questo è solo un dato statistico legato all'esperienza e al confronto con tanti consulenti aziendali; si ribadisce la generalità di questo concetto ma può essere un dato su cui riflettere quando si deve creare un team di persone che lavorano insieme).

b) Ogni imprenditore dovrebbe domandarsi se nella sua azienda ci sono gruppi o team e questo potrebbe essere un buon punto di inizio per comprendere le dinamiche della propria azienda.

Un esercizio che aiuta la comprensione e la consapevolezza sulla presenza di un team o di un gruppo consiste nel far dichiarare a ognuno dei partecipanti l'obiettivo principale che intende raggiungere lavorando in quell'azienda e in quel ruolo. Attraverso le risposte, che possono essere diverse tra loro, si può ottenere un primo risultato in merito alla presenza di gruppi, di team o di più team all'interno di un gruppo (quest'ultima opzione è molto frequente).

c) Una volta definiti gli obiettivi da raggiungere e le azioni da mettere in campo, l'imprenditore e il management devono capire se conviene proseguire sui gruppi o sui team già costituiti o se all'interno del contesto aziendale vanno creati nuovi team che devono lavorare su degli specifici obiettivi. Apparentemente questo lavoro può sembrare facile, ma è proprio in questi passaggi che si delineano le forze e la capacità dell'impresa di produrre reddito!

Nella mia esperienza ho visto imprenditori che si rendevano conto che in azienda c'era un team che lavorava male. In altri casi, invece, gli imprenditori mi chiedevano di costruire nuovi team per fare una particolare azione o per raggiungere un particolare obiettivo. Tendenzialmente quest'ultimo approccio si verifica quando bisogna lanciare qualcosa di nuovo, quando l'azienda diversifica il mercato o il prodotto o quando deve variare la sua dimensione, sia in crescita sia in riduzione.

d) Un fattore determinante, che bisogna sempre tenere a mente, è che nei team e nei gruppi gli equilibri sono fragili, si modificano continuamente e basta poco per passare da una situazione positiva a una negativa. Prova a pensare ai chiacchiericci aziendali, all'ingresso o all'uscita dal gruppo di un membro o, come vedremo in seguito, al rimprovero fatto a qualcuno in seguito a un errore e all'effetto che queste azioni hanno sul team.

e) C'è un momento fondamentale per far sì che si arrivino a individuare problemi e potenziali, potenzialità inespresse e tensioni latenti: le riunioni con i membri del team. Questi incontri devono essere preparati molto bene e fatti con una certa periodicità; per quanto semplice da comprendere, nella pratica non si dà il giusto peso né la giusta importanza alle riunioni di team, né alla loro periodicità e, talvolta, neanche alla loro preparazione. Spesso le riunioni si trasformano in momenti di confronto su numeri e risultati, mentre è molto difficile che ci si concentri sulla qualità della performance e sul valore aggiunto del team: proprio quelli che, alla lunga, sono gli elementi strategici per il raggiungimento degli obiettivi.

SEGRETO n. 7: lavora per creare un team e non una semplice squadra: in questo modo potrai godere dei vantaggi che derivano da persone che non solo credono in quello che fanno, ma che condividono con gli altri membri obiettivi e valori.

Per aiutare l'imprenditore a comprendere bene l'importanza di questi passaggi, gli rivolgo una semplice domanda: cosa rappresentano per te i tuoi uomini? Un manager di un'importante azienda mi ha risposto: «Sono le mie principali risorse, il mio motore, senza di loro non saprei cosa fare». Questa risposta, apparentemente piena di riconoscimenti, in realtà cela un grosso rischio: vedere i propri collaboratori in chiave utilitaristica, cioè: sono importanti per me, per quello che *io* voglio fare e realizzare. Ma *loro* sono contenti di questo? Sono contenti di essere il motore e la principale risorsa di un imprenditore?

Questo aspetto è di fondamentale importanza, perché l'elemento centrale diventa la realizzazione e la soddisfazione delle persone che fanno parte del team attraverso la motivazione che le spinge a fare bene o male. Se questo è vero, e se l'assunto diventa il gioco di squadra, il rispetto di tutti e il tutti per uno e uno per tutti, ogni volta che qualcuno (anche l'imprenditore) ha un obiettivo su altre persone, si crea una sorta di violazione nella relazione interpersonale e quindi non si raggiunge un risultato efficace all'interno del gruppo.

Un classico esempio è l'abuso che si fa della frase: «Sono io ad avere l'ultima parola». È una frase utilizzata sistematicamente da chi ha ruoli apicali in azienda e la conseguenza diretta è che si entra in un campo minato, quello delle *relazioni tra chi quella parola la dice e chi la subisce*. Essere consapevoli della questione è un buon punto di partenza per migliorare i processi aziendali ed evitare i conflitti interni. Siamo in un contesto, quello aziendale, dove ognuno vive una doppia condizione, quella legata all'obiettivo aziendale e quella propria, legata agli obiettivi personali, e questo vale per tutti i livelli gerarchici.

Chi è al vertice aziendale, com'è ovvio, osserva le dinamiche di coloro che deve gestire o guidare ma, inevitabilmente, quando si hanno degli obiettivi sugli altri, il rischio che si creino problemi a livello relazionale sono molto alti e bisogna tenerne conto. Cosa che l'imprenditore raramente fa e, anzi, spesso rincara la dose stringendo le maglie del controllo e irrigidendo ancora di più i rapporti. In questo caso, l'inclusività di cui si parla subisce un forte ridimensionamento.

Un'attenzione particolare su questo concetto devono averla i manager e i dirigenti, i quali non di rado cadono in questa trappola, soprattutto nei settori aziendali dove il risultato atteso determina, ad esempio, la promozione del direttore di settore (si pensi alla divisione commerciale o alla produzione).

In un primo momento, questo cambiamento culturale viene vissuto male, quasi fosse impossibile arrivare a tanto, d'altronde come si fa a non avere obiettivi sugli altri se si deve guidare un'azienda o arrivare a un obiettivo di risultato? Nessuno può negare questa difficoltà, né si possono annullare l'ambizione e la motivazione a raggiungere i propri obiettivi, ma occorre avere la giusta dose di equilibrio e di consapevolezza affinché si possano evitare delle difficoltà e dei rischi che inficerebbero il buon lavoro che un team può portare a termine.

Quando un collaboratore non fa quello che deve fare, o lo fa male, occorre prendere atto che alla base ci sono le dinamiche legate agli obiettivi che ci si è posti sulla persona e che potrebbero, da questa, non essere accettati .

SEGRETO n. 8: fai attenzione agli obiettivi che poni sugli altri, perché potrebbero diventare limiti all'efficienza organizzativa.

Qui non siamo in presenza di precetti da rispettare, ma occorre avere ben presente questa chiave di lettura se si vuole aumentare la performance aziendale attraverso un team che funziona.

Includi la comunicazione efficace e l'ascolto come fattori strategici
Siamo di fronte a uno dei fattori strategici più importanti nel funzionamento di un'azienda: la comunicazione. Una prima distinzione ci aiuterà a capire molte situazioni di difficoltà che si vivono nei rapporti aziendali, la differenza tra comunicare e informare.

Comunicare significa "mettere in comune" qualcosa, condividere e scambiare. Informare invece significa mettere a conoscenza di qualcosa, senza nessun tipo di riscontro o di risposta. Risultano subito evidenti la bidirezionalità del primo approccio e la monodirezionalità del secondo. Chi sta al vertice di un'azienda deve capire questa differenza e comprendere quando vuole agire usando il primo approccio e quando usando il secondo, altrimenti rischia di creare confusione e di ottenere feedback negativi dai collaboratori.

Un altro principio cardine è "tutto comunica". Siamo troppo abituati a concentrarci, soprattutto nelle aziende, su quello che ci dicono, anzi, in molti casi su quello che pensiamo che stiano dicendo gli interlocutori. Non di rado, infatti, mentre una persona parla, l'altra, che pensa già di aver capito tutto, invece di ascoltare attentamente è già pronta a elaborare la risposta o, peggio ancora, si inserisce nel discorso interrompendo l'interlocutore. Non è solo una questione di educazione, è innanzi tutto una questione di comunicazione efficace, specie quando non si è attenti ai contenuti e alle forme di comunicazione che l'altro sta mettendo in atto.

Anche quando sto informando o ordinando di fare qualcosa, dall'altra parte avrò un messaggio di ritorno, di qualsiasi natura (compreso il silenzio e l'immobilismo fisico) e, se sono attento, ne trarrò una comunicazione e quindi uno scambio. Questi aspetti sono più che importanti nelle aziende perché, soprattutto nel mondo delle PMI, spesso l'imprenditore, o il manager, conosce bene l'interlocutore che ha di fronte e questa conoscenza condiziona fortemente la comunicazione tra i due soggetti.

Per evitare che questi errori vadano a inficiare il rapporto umano e, di conseguenza, la performance aziendale, occorre tenere in conto alcune variabili:

- Attenzione agli stimoli e ai messaggi che l'altro ci dà attraverso l'uso della parola e dei gesti corporali; ricordiamo che l'insieme di questi stimoli compone il mosaico della comunicazione delle persone.
- Attenzione a non generalizzare questi stimoli, condizionati dal nostro modo di pensare e dai nostri pregiudizi.
- Quando si è in ascolto, attenersi il più possibile al messaggio reale, evitando distorsioni inefficaci.

Infine occorre ricordare un aspetto che ormai è entrato nella consapevolezza comune, ma che deve essere ancora metabolizzato e reso utile all'interno della comunicazione aziendale. La comunicazione ha 3 livelli di espressione:

1) La *comunicazione verbale*: fa riferimento a quello che si dice e a quello che si scrive: è la modalità più utilizzata e la più conosciuta.

2) La *comunicazione non verbale*: fa riferimento all'espressione del viso, alla gestualità, alla postura e a come ci si posiziona fisicamente durante la comunicazione.

3) La *comunicazione paraverbale*: riguarda soprattutto l'uso della voce, di espressioni sonore e di oggetti mentre si comunica.

C'è un dato che evidenzia quanto sia importante approfondire questo tema per raggiungere un livello di inclusività soddisfacente: l'importanza, espressa in termini percentuali, dei tre livelli sopra menzionati. In particolare, la parte del leone la fa la comunicazione non verbale che, in un processo di comunicazione, pesa per il 55%; a seguire la comunicazione para-verbale per il 38% e, da ultimo, la comunicazione verbale che pesa solo per il 7%. Pertanto una buona comunicazione aziendale non può prescindere dal concetto di ascolto attivo. Se la comunicazione aziendale si fonda sull'autorità e sul comando, senza preoccuparsi del feedback, alla lunga non ci si può lamentare se le cose non vanno bene, in quanto si creerà un ambiente di lavoro con scarsa partecipazione emotiva e scarsa motivazione.

Tralasciando al momento l'importanza dello stile di leadership e di comando, che affronteremo più avanti, bisogna concentrarsi sull'importanza dell'ascolto come elemento strategico, ma anche sulla generale difficoltà del suo utilizzo, poiché nelle aziende, come nei rapporti umani, si è poco inclini a utilizzare l'ascolto attivo come strumento per migliorare le relazioni nella vita quotidiana e per aumentare la produzione e la performance aziendali.

Innanzi tutto bisogna capire la differenza tra ascoltare e sentire. L'ascolto richiede concentrazione e impegno, è un momento di stacco da tutto il resto e di piena partecipazione alla comunicazione globale che la persona davanti a noi sta effettuando. Spesso sento dire che in azienda si comunica alla macchinetta del caffè durante le pause o lungo i corridoi, ma attenzione a non confondere lo scambio di informazioni o il dare qualche dritta sul lavoro con il processo di comunicazione e di ascolto – pena una forte limitazione della conoscenza, da parte del vertice aziendale, delle reali dinamiche e degli umori vissuti.

L'ascolto attivo, invece, prevede una forte concentrazione e soprattutto un'apertura e un atteggiamento che facciano intendere alla persona che comunica che è veramente ascoltata in quel momento, che dall'altra parte c'è chi si sta curando di essa senza valutare e senza giudicare.

Vedere l'altro per quello che è e non per quello che pensiamo che sia o che vorremmo che fosse: questo è il principio su cui poggia l'ascolto attivo. Riflettiamo su quante volte, in azienda, mentre comunichiamo commettiamo i seguenti errori:

- interrompiamo senza ascoltare fino in fondo;
- pensiamo ad altro mentre stiamo sentendo qualcuno che ci sta parlando;
- diamo risposte fuori luogo, ironiche o addirittura infastidite;

- guardiamo l'orologio;
- anticipiamo quello che l'altro sta per dire;
- respingiamo un'idea prima ancora di lasciarcela spiegare.

Una frase che risuona spesso nelle aziende, soprattutto quando c'è mancanza di comunicazione efficace e di ascolto attivo, è «non si può fare», e viene pronunciata prima ancora di ascoltare la spiegazione e lo sviluppo della proposta.

SEGRETO n. 9: la comunicazione e l'ascolto attivo sono elementi strategici al pari degli strumenti finanziari; la maggior parte delle aziende va in crisi perché manca una buona comunicazione e un buon livello di ascolto sia all'interno sia all'esterno.

A mio avviso, questa parte legata alla comunicazione e all'ascolto ha un particolare significato nell'agire organizzativo, perché in un numero sempre maggiore di casi ho potuto riscontrare grandi difficoltà a implementare un efficace processo di comunicazione. Questa mancanza impatta fortemente sul clima organizzativo che si espone sempre di più a conflitti, più o meno latenti, e a

45

problemi di comunicazione tra il vertice e il resto dell'organizzazione, con evidenti conseguenze sulle performance aziendali e, quindi, su fatturato e utile d'impresa.

Includi il giusto *pathos* nei rapporti: esercizio per migliorare
Siamo nel campo del pratico, dei consigli e delle istruzioni date a chi governa aziende dove di norma ci sono persone che sbagliano, altre che sono invece particolarmente brave nello svolgere le proprie funzioni e altre ancora che a volte sono brave e a volte meno.

Iniziamo con due considerazioni di partenza.

1) È sbagliato pensare che i collaboratori siano tutti uguali. Non lo sono mai, innanzitutto perché ogni individuo è unico e irripetibile e poi perché, agli occhi del leader c'è sempre qualcuno che, per i motivi più svariati, piace più degli altri.

2) La seconda considerazione è che ai leader (imprenditori o manager) rimane più facile fare un rimprovero che un complimento. Un po' come quei padri che quando il figlio va male a scuola lo riempiono di rimproveri, ma quando va bene liquidano tutto con la famosa frase: «Hai solo fatto il

tuo dovere!» Ecco, spesso in azienda si replica lo stesso meccanismo.

Tenendo conto delle considerazioni introduttive, c'è da chiedersi cosa si possa fare per migliorare, ed ecco un esercizio che può esserci d'aiuto quando dobbiamo gestire situazioni tipiche della quotidianità aziendale in cui ci sono persone che sbagliano e che ci fanno inalberare.

Ogni rimprovero deve essere seguito da 5 gratifiche date ad altrettante persone. Facciamo un esempio: un collaboratore sbaglia qualcosa, lo chiamo e, nel mio ufficio, gli faccio la cosiddetta ramanzina. Normalmente la cosa finisce qui, invece l'esercizio prevede che subito dopo io mi alzi e vada a cercare in azienda 5 persone da gratificare: a ognuna dirò «bravo» per qualcosa che ha fatto bene. Attenzione però, la gratifica deve essere data per qualcosa di specifico e non tanto per darla, altrimenti si altera il senso di equità e di giustizia in azienda.

In questo modo il *pathos* negativo che si è creato con il rimprovero si riequilibra e si lavorerà in un contesto in cui predominano gradevolezza e piacevolezza, cioè un ambiente dove ci si sente gratificati con dei «bravo» che fanno piacere al singolo e portano positività nell'ambiente lavorativo.

Uno dei problemi a cui questo esercizio aiuta a porre rimedio è che siamo talmente abituati a stare attenti solo alle cose che non vanno che non notiamo quelle che vengono fatte bene. Ecco perché siamo più inclini al rimprovero che alla gratifica. Occorre cambiare atteggiamento se si vuole creare un giusto clima lavorativo e questo cambiamento prevede che l'imprenditore, o il manager, sia più attento alle cose che vengono fatte bene e ne riconosca il merito a chi spetta. Succede allora che la stessa persona che oggi ha preso un rimprovero, magari tra qualche giorno sarà gratificata per qualcosa che ha fatto bene, senza che sia dato per scontato che doveva fare bene quella cosa semplicemente perché è pagata.

Una volta un imprenditore mi ha detto: «I miei dipendenti non sono pagati per pensare, ma per lavorare!» E un altro: «Hanno fatto metà del loro dovere!» Questi imprenditori tendenzialmente mettono su aziende dove diventa difficile lavorare e sentirsi appagati e gratificati. Occorre infatti avere un certo equilibrio in questo tipo di situazioni, che vanno gestite con la massima attenzione, pena una contrazione delle performance aziendali.

RIEPILOGO DEL CAPITOLO 2:

- SEGRETO n. 5: condividere la vision in azienda è fondamentale per dare la giusta direzione all'agire organizzato e per stabilire non solo cosa fare, ma anche come farlo.
- SEGRETO n. 6: quando si genera un piano d'azione occorre necessariamente essere coerenti con la vision e con gli obiettivi fissati: questi diventano il mantra su cui dare spazio all'agire organizzato.
- SEGRETO n. 7: lavora per creare un team e non una semplice squadra: in questo modo potrai godere dei vantaggi che derivano da persone che non solo credono in quello che fanno, ma che condividono con gli altri membri obiettivi e valori.
- SEGRETO n. 8: fai attenzione agli obiettivi che poni sugli altri, perché potrebbero diventare limiti all'efficienza organizzativa.
- SEGRETO n. 9: la comunicazione e l'ascolto attivo sono elementi strategici al pari degli strumenti finanziari; la maggior parte delle aziende va in crisi perché manca una buona comunicazione e un buon livello di ascolto sia all'interno sia all'esterno.

Capitolo 3:
Come trasformare le insidie in opportunità

Una delle definizioni che più si addicono all'interpretazione del termine governare in questo contesto è quella del dizionario Treccani: «Far procedere nel modo voluto, tenere sotto controllo». Gli aspetti che affronteremo in questo capitolo sono quelli che, più di ogni altro, hanno bisogno di un governo per evitare che il risultato aziendale sia condizionato negativamente.

Governa le emozioni dell'azienda

«Qual è l'emozione che domina la tua azienda?» È un'altra di quelle domande che faccio sempre agli imprenditori nella fase dei primi incontri conoscitivi. L'importanza di questa domanda risiede nel concetto e nei processi che portano all'utilizzo dell'*intelligenza emotiva*, fattore strategico sempre più determinante per il successo di un' impresa. Sull'argomento sono stati scritti trattati, libri e articoli di ogni genere per evidenziarne l'importanza che, in un mondo che corre a una velocità sempre più sostenuta, cresce sempre di più. Ma in concreto che significa dare spazio all'intelligenza emotiva? Non dare più niente per scontato!

Nelle aziende spesso si va avanti con una sorta di pilota automatico, aspetto che emerge in tutta evidenza quando si sente la fatidica frase: «Ma qui si è sempre fatto così!» Oltre a costituire un alibi o, meglio, una deresponsabilizzazione generale di fronte ai cambiamenti di cui l'azienda avrebbe bisogno, questo rappresenta un vero e proprio pericolo quando le cose non vanno bene. Quindi, di fronte alle difficoltà, la prima cosa da fare è rimettere in discussione il "qui si fa così".

Una delle prime conseguenze della mancanza di governo delle emozioni in azienda è l'impatto sul fatturato. È un concetto che rimane un po' difficile da capire, perché il fatturato si presume che cresca se aumentano le vendite, se si implementano processi di marketing efficace, se si selezionano bene i clienti che dovranno pagare e se si è bravi a contenere i costi di produzione. Ma non basta. Per avere un'azienda di successo occorre lavorare anche sugli aspetti emozionali che renderanno l'azienda fortemente performante se governata bene oppure apatica e conflittuale se, come fanno in molti, si pensa che discutere di questi argomenti faccia solo perdere tempo.

Come si fa a governare l'emotività di un'azienda? Prima di tutto occorre che ci sia coerenza tra quanto si dichiara ai dipendenti e, più in generale ai collaboratori, e il comportamento che concretamente l'azienda segue.

SEGRETO n. 10: saper governare le emozioni in azienda ha la stessa importanza del saper gestire un bilancio sano.

Quando nel capitolo sull'inclusione abbiamo parlato di obiettivi e di visione sul futuro, abbiamo rilevato come questi debbano necessariamente condurre e condizionare il fare quotidiano di tutti membri dell'azienda, a iniziare dai vertici aziendali. Basti pensare a cosa succede quando questo non avviene: sono in pochi a non aver mai sentito la frase «Se non lo fa lui che è il capo, perché dovrei farlo io!» o, peggio ancora «Io posso farlo perché sono il capo, tu no».

Questo atteggiamento è fortemente negativo perché rompe l'equilibrio e condiziona il rapporto tra il vertice e gli altri livelli aziendali. L'esempio deve venire dall'alto, così come dall'alto devono venire l'attenzione e la sensibilità per il governo delle emozioni. Comunicazione efficace e ascolto attivo sono un buon inizio per avere la giusta dose di intelligenza emotiva in azienda, ma se si vuole veramente e concretamente arrivare al massimo del rendimento occorre ricordare che le emozioni sono sempre generate da bisogni. E occorre sapere quali sono i bisogni che generano le emozioni.

In azienda ogni giorno si è sottoposti a tanti tipi di stress, di diversa natura e fortemente personalizzati; i fattori e i processi lavorativi possono provocare tensioni a un collaboratore e viceversa diventare un ottimo stimolatore di successo per un altro. Ciò accade perché le persone sono "uniche e irripetibili" e quindi la forza di un imprenditore o di un manager risiede nel saper identificare le potenzialità e i bisogni di ciascuna persona che è parte integrante dell'azienda e dei suoi processi.

Pensiamo ad esempio a un'azienda che ha un prodotto eccellente, in un mercato dove non ci sono forti competitor e con la capacità finanziaria di fare investimenti in comunicazione. Sulla carta sembra una sorta di azienda ideale; ne ho viste molte in questi anni ma, fatta salva qualche eccezione, erano aziende che non riuscivano a ottenere il successo sul mercato che pensavano di meritare.

Nella maggior parte dei casi, il motivo principale, quello che scatenava limiti e difficoltà nei risultati, non andava cercato tra le righe del bilancio o nei libri contabili, ma nel sottobosco emozionale che guidava il fare quotidiano dei collaboratori di ogni livello gerarchico. Ed è proprio nella dimensione dei bisogni e delle emozioni a essi collegate che si trovavano le ragioni delle resistenze al cambiamento e alla voglia di migliorare, così come del desiderio di crescere insieme all'azienda e di raggiungere importanti traguardi. La differenza tra gruppo e team ci ha dato una prima dimensione del problema ma è nella ricerca e nella gestione delle emozioni che si scoprono i veri e sinceri motivi del fare bene o del fare male che possono decidere le sorti di un'azienda.

SEGRETO n. 11: la ricerca continua dei bisogni su tre livelli, aziendali, di team e personali, diventa un fattore critico di efficienza delle performance aziendali.

Tra le diverse emozioni universalmente riconosciute, una merita un approfondimento particolare, perché negli ultimi anni ha avuto un peso sempre maggiore nel processo di crisi decisionale che si vive nei contesti aziendali: la paura.

Governa le paure

La paura è una delle emozioni più intense che viviamo e ha il potere di bloccare il processo decisionale; ecco perché è importante che, nella gestione dell'azienda, ci sia la consapevolezza dei rischi che si corrono quando entra in gioco la paura, ma anche del tipo di aiuto che può fornire se ben gestita. La vera qualità non è evitare di avere paura, ma saper gestire la paura.

È molto difficile anestetizzare la paura e, per molti versi, meno male che è così; se non provassimo paura, magari ci butteremmo in qualsiasi business senza neanche valutarne l'effettiva bontà, aumentando le possibilità di ottenere cattivi risultati. Quindi è proprio la paura che funge in qualche modo da salvavita, ed ecco perché il concetto di paura va considerato in termini positivi e non semplicemente come qualcosa da evitare a tutti i costi o di cui addirittura vergognarsi.

Si pensi a quanto è protettiva la paura quando si sta per effettuare una performance importante (ad esempio nei momenti che ci separano da un appuntamento strategico o dalla firma di un contratto). In questi casi difficilmente inquadreremo come negativa la forte emozione provata, perché si tratta di un tipo di paura che si traduce nella giusta tensione da provare in certi momenti. Altra cosa, invece, è quando la paura si trasforma in una patologia, come ad esempio il panico, ma in questo caso si entra in un altro campo.

In chiave aziendale, ci interessa capire qual è l'impatto della paura e quali conseguenze comporta rispetto alle decisioni da prendere o alle azioni da implementare. Di fronte alla paura si possono innescare 3 diversi tipi di reazione:

- fuggire;

- bloccarsi;
- attaccare.

«Non riesco a prendere una decisione»: questa frase è un classico esempio di blocco di fronte alla paura di decidere. Proviamo invece a leggerla con attenzione e a capire cosa si nasconde dietro quella paura. Seguendo l'esempio potremmo aggiungere: «Non riesco a prendere una decisione, ho paura, perché corro il rischio di non avere sufficiente denaro per coprire i costi, soprattutto gli stipendi dei collaboratori e, per come sono fatto io, non potrei tollerare questa conseguenza». Qui si può notare come la spiegazione e la chiarezza del vero motivo che scatena le preoccupazioni diventino immediatamente la parte su cui bisogna concentrare l'attività operativa, avendo chiaro il punto di arrivo che, in questo caso, è il "cosa voglio evitare".

Mi capita spesso, invece, di vedere imprenditori che evitano di affrontare la questione prendendola di petto e che, di conseguenza, liquidano e aggirano questa paura con frasi tipo: «Mi piacerebbe...» «Vorrei...» «Sto pensando di...» «Forse sarebbe il caso di...» e così via. In questo modo si rimane nel campo delle ipotesi – o di quelle che mi piace definire "le voglie non volute" – cioè si esprime la volontà di un obiettivo che si sa già che non sarà raggiunto perché non ci sono le giuste tensioni emotive.

La chiarezza e la sincerità con cui ci si spiega la paura di affrontare una scelta è un passaggio fondamentale, è la grande occasione che un imprenditore – e, più in generale, un decisore – deve cogliere per smettere di lavorare sulle indecisioni e assumere un obiettivo completamente diverso, ad esempio: «Siccome devo garantire lo stipendio ai dipendenti, prima devo lavorare affinché questo accada e poi potrò fare determinate scelte mettendomi al riparo da questo rischio».

Per me imprenditore garantire i fondi per mettere in sicurezza gli stipendi e non rischiare per questo di dover licenziare è un principio fondamentale, pertanto diventa il *focus* e non la scelta di un eventuale investimento. In questo modo posso concentrarmi su tutte le attività che mi permettono di ottenere questi soldi e lavorare per risolvere quel problema. La conseguenza è che la mia scelta di investimento aziendale viene fatta senza paura. Quando ho fatto questa analisi e ho creato un piano di attività coerente con l'obiettivo, le incertezze e le difficoltà si possono definire semplici paturnie, ossia la cattiva abitudine di girare attorno ai problemi che non porta da nessuna parte.

In questo modo, invece, cambia il modo di approcciarsi alle situazioni, perché non si gira più attorno al problema, ma lo si affronta di petto e con grande lucidità, assumendosi l'onere e l'onore della soluzione e superando così paure e indecisioni.

SEGRETO n. 12: avere la consapevolezza – e la conseguente capacità di gestione – delle paure e delle incertezze può dare valore aggiunto alle performance aziendali.

Dobbiamo prendere più confidenza con questi aspetti legati alla paura, soprattutto in questo momento di crisi e di incertezza, perché dietro alla paura si celano spiegazioni e motivazioni che ci sono di grande aiuto per capire e interpretare le nostre scelte future e i nostri comportamenti.

Capire i veri motivi che generano la paura è il segreto per agire nel modo giusto e soprattutto per chiarirsi l'obiettivo da raggiungere. Pertanto la soluzione sta nell'avere sempre un obiettivo chiaro e ben definito che aiuti ad adottare i giusti comportamenti. In questo modo non saremo più preoccupati di uscire dall'indecisione scegliendo tra diverse opzioni (errore che vedo fare spesso), ma saremo focalizzati sul punto di approdo e sulle azioni da adottare per raggiungere il risultato. Solo in questo modo posso evitare problemi e limitare le paure semplicemente perché sono focalizzato sulle cose importanti senza dare più peso alle paturnie.

Governare il conflitto, se c'è!
Quando si parla di conflitti, in particolare di quelli in azienda, si entra in un campo minato in cui bisogna muoversi con grande attenzione. Abbiamo a che fare con contesti in cui le persone passano gran parte della giornata, dove si mescolano caratteri, esperienze e visioni di vita molto diversi appartenenti a persone che lavorano a stretto contatto fra loro.

Non da ultimo ci sono le gerarchie che danno la misura non solo del lavoro da fare e delle procedure aziendali (distribuzione del potere) ma anche dell'incontro/scontro che normalmente è presente nelle imprese di qualsiasi natura.

Il primo punto da chiarire è cos'è un conflitto. Nel metodo D.I.G.E.R. il conflitto si configura come una disuguaglianza o una divergenza tra i membri di un team e mancanza di flessibilità. Queste disuguaglianze o divergenze possono avere diversa natura, potendo fare riferimento a:

- valori (sia quelli aziendali sia quelli dei singoli);
- obiettivi da fissare e da raggiungere;
- comunicazione (come si comunica in azienda);
- regole da condividere (come vengono fissate e negoziate);
- ruoli, che a volte non sono chiari e generano confusione;
- stile di leadership non consono alle caratteristiche delle persone che vanno guidate.

Sono solo gli esempi più frequenti, sui quali poggia gran parte dei motivi che portano ai conflitti. La prima cosa che l'imprenditore deve fare è capire se c'è un reale conflitto che genera problemi o se si trova di fronte a conflitti che risultano essere persino positivi per l'azienda. Può capirlo analizzando il motivo del contendere e l'atteggiamento che le parti hanno nell'affrontare i diversi punti di vista.

Se ci si trova di fronte a un conflitto che si porta dietro situazioni "distruttive" per l'azienda, occorre necessariamente capire e agire seguendo lo schema che segue.

Innanzi tutto bisogna evitare che il conflitto sfoci nell'area delle relazioni personali; quando inizia un conflitto, possiamo avere dubbi sull'origine, sull'oggetto del contendere, ma la cosa certa è che si andrà a finire sempre su questioni riguardanti la persona. Occorre sempre mettere al centro del conflitto l'oggetto, il motivo della contesa, proprio perché, lasciando correre, si entra nella sfera personale. Quindi è importante riportare il *focus* sull'oggetto perché altrimenti si perde di vista il punto di partenza e il conflitto diventa difficilmente governabile.

Poi si passa alla fase della risoluzione del conflitto, che comprende i seguenti passaggi:

- Chiarire immediatamente l'oggetto del conflitto, rimanendo sempre concentrati sulle possibili soluzioni.

- Capire l'origine del conflitto, qual è stato l'elemento scatenante, perché in fondo non è importante chi ha torto o chi ha ragione, ma è necessario capire le fondamenta dello scontro, la sua fenomenologia.

- Utilizzare un potente strumento per la risoluzione del conflitto: il disarmo dell'aggressività, abbassare i toni e rallentare i ritmi sono solo alcuni suggerimenti da seguire.

- Capire il ruolo esercitato dagli altri membri del team (ci sono anche gli altri), capire il ruolo – spesso non evidente ma non per questo meno importante – che hanno nella genesi, nell'evoluzione e nella soluzione al conflitto.

- Preoccuparsi del "come" e non del "cosa". Il cosa è rappresentato dall'oggetto del contendere, mentre la domanda da porsi è: cosa c'è dietro l'oggetto del contendere? Il come, che nella logica aziendale è molto più importante, riguarda il contesto e le caratteristiche proprie delle persone che fanno parte del team. Se ad esempio metto nello stesso team due persone che hanno credenze e valori opposti, aumenta la probabilità che queste diversità finiscano per generare dei conflitti distruttivi per il contesto aziendale. Occorre quindi stare molto attenti al come si è arrivati al conflitto, perché l'espressione della diversità di vedute o di credenze è un passaggio delicato e difficile da carpire.

- Infine, la risoluzione del conflitto porta con sé le azioni da eseguire, perché ci si accorge, ad esempio, che c'è un'incompatibilità tra persone che hanno valori diversi e visioni discordanti.

SEGRETO n. 13: i conflitti possono compromettere l'efficienza aziendale: restare sul motivo, capire la genesi, disarmare l'aggressività ed evitare che sfoci nel personale aiuta a gestirli e a limitarne gli sviluppi negativi.

A questo punto, dopo aver compreso e trovato la soluzione al conflitto, l'imprenditore o il manager sarà in grado di prendere le giuste decisioni per ristabilire equilibri ed efficienze sulle performance aziendali.

RIEPILOGO DEL CAPITOLO 3:

- SEGRETO n. 10: saper governare le emozioni in azienda ha la stessa importanza del saper gestire un bilancio sano.

- SEGRETO n. 11: la ricerca continua dei bisogni su tre livelli, aziendali, di team e personali, diventa un fattore critico di efficienza delle performance aziendali.

- SEGRETO n. 12: avere la consapevolezza – e la conseguente capacità di gestione – delle paure e delle incertezze può dare valore aggiunto alle performance aziendali.

- SEGRETO n. 13: i conflitti possono compromettere l'efficienza aziendale: restare sul motivo, capire la genesi, disarmare l'aggressività ed evitare che sfoci nel personale aiuta a gestirli e a limitarne gli sviluppi negativi.

Capitolo 4:
Come evitare le insidie nel percorso

L'affermazione che dà il titolo a questo capitolo potrebbe apparire un po' strana visto che normalmente l'obiettivo finale di un'azienda è ciò che muove tutto il contesto operativo. Non smentirò questo assunto, ma voglio mettere in evidenza come sia altrettanto importante e necessario che ci siano altre condizioni e principi se si vogliono ottenere delle performance eccellenti. Concentrarsi sull'obiettivo finale è cosa giusta e inevitabile, ma si corrono anche dei rischi legati alle attività che devono portare a raggiungere il risultato.

Negli ultimi anni, testi di management, formatori e corsi di organizzazione aziendale ci hanno fatto comprendere quanto sia importante confezionare obiettivi efficaci ed efficienti. Sicuramente fissare obiettivi che tengano conto di alcuni parametri – quali la specificità, la misurabilità, l'attuabilità, la realistica possibilità di raggiungerli e, non ultima, la loro definizione nel tempo – è diventata una condizione imprescindibile per un'impresa che ha chiaro il punto di approdo, ma questa attività, per quanto giusta e necessaria, nasconde delle insidie pericolose.

Un esempio può aiutare a capire. Un direttore vendite stabilisce con il vertice aziendale il risultato da ottenere sulle vendite che è pari al +15% delle vendite effettuate l'anno precedente. Questo risultato è stato valutato in termini di attuabilità e di realismo rispetto allo sviluppo del mercato e alle potenzialità aziendali. L'obiettivo viene comunicato ai venditori con tutte le modalità previste... e fin qui tutto bene. Ma la questione è: questo risultato è sotto il diretto controllo di chi lo deve raggiungere?

La risposta è no, perché nella realtà l'obiettivo è condizionato da variabili che non sono sotto il diretto controllo di chi lo deve raggiungere (in questo caso il venditore). Può succedere infatti che il mercato abbia una flessione, che la concorrenza tiri fuori prodotti più competitivi, che ci sia stato un errore del marketing aziendale e così via.

Questa condizione determina una conseguenza molto importante: gli obiettivi di risultato sono fortemente stressogeni! E come possiamo superare questo limite? Prima di tutto prendendo consapevolezza del fatto che gli obiettivi di risultato non sono sufficienti a garantire il successo, perché occorre mettere in campo altri concetti e altre tipologie di operatività. Il limite da superare è il controllo delle attività e dei risultati e, per fare questo, bisogna concentrare l'attenzione sugli obiettivi che sono sotto il controllo diretto della persona e che dipendono esclusivamente dalle sue azioni.

Continuiamo con l'esempio precedente. L'obiettivo resta il +15% sulle vendite dell'anno precedente. Per comodità diciamo che questo incremento deve provenire solo da nuovi clienti (escludiamo al momento una maggiore vendita ai clienti attuali). L'azienda studierà le formule di contatto con i nuovi clienti, ad esempio telefonate ed email marketing, e avrà un parametro di riferimento nel rapporto tra contatti presi e vendite chiuse.

Se il rapporto delle telefonate mediamente è 1:100 – un contratto ogni 100 telefonate e contrattazioni – potrò considerare l'attività e l'obiettivo del venditore in base a questo rapporto. Ad esempio, dato questo rapporto, ogni giorno dovrà fare 20 telefonate, che in 5 giorni potranno generare un nuovo cliente e, quindi, un numero di clienti annuo pari al 15% di cui sopra.

Questo esempio, per quanto semplice e mirato, dà il senso della differenza tra l'obiettivo di risultato e quello che possiamo definire *obiettivo di performance*, ossia un obiettivo sotto il diretto controllo della persona, che permette di misurare la performance ottenuta. In chiave di risultato aziendale, gli obiettivi di performance non solo sono sotto il controllo delle persone, ma danno la misura delle potenzialità della persona che agisce e, soprattutto, danno la possibilità all'azienda di capire se la direzione presa è quella giusta.

SEGRETO n. 14: per gestire meglio l'impresa, concentrati su obiettivi e attività che sono sotto il tuo controllo.

Quanto più l'azienda sarà in grado di suddividere l'obiettivo di risultato in tanti sub-obiettivi di performance, tanti più saranno i vantaggi per l'azienda, in particolare per l'imprenditore, che sarà in grado di capire andamenti ed efficienza, e per i lavoratori, che avranno obiettivi chiari e sotto il proprio controllo.

Tuttavia, per quanto utili e valide, queste formulazioni non sono ancora sufficienti per avere la certezza di fare bene. Sia quando parliamo di obiettivi di risultato, sia quando parliamo di quelli di performance siamo concentrati sul "cosa" ottenere. L'ultimo passaggio è invece concentrato sul "come" ottenerlo, e quindi parliamo di *obiettivi di processo*, cioè delle modalità secondo cui si compiono o si dovrebbero compiere le azioni.

In genere gli obiettivi di processo si utilizzano in due casi:
- Quando le attività processuali esistenti non risultano essere efficienti ed efficaci. In questo caso ci troviamo spesso di fronte a cambiamenti di abitudini consolidate, quello che abbiamo chiamato in precedenza il "qui si fa così".
- Quando si implementano processi nuovi e bisogna misurare in maniera proattiva le conseguenze delle azioni da compiere.

In entrambi i casi va rilevato che gli obiettivi di processo sono un valido alleato degli obiettivi di risultato e di quelli di performance. Queste procedure permetteranno all'imprenditore e ai vertici aziendali di avere maggiore controllo sulle azioni operative quotidiane, di dare un senso pratico e diretto alla pianificazione aziendale e di individuare, nei giusti tempi, eventuali modifiche da apportare a strategie e piani di azione, riconsiderando, ed eventualmente modificando, l'impianto degli obiettivi fissati.

SEGRETO n. 15: non interessarti tanto al "cosa" ottenere ma al "come" ottenerlo, mantenendo sempre un atteggiamento proattivo e non reattivo.

Evitare le interferenze che bloccano il cambiamento
La parola cambiamento è una delle più controverse tra quelle utilizzate nel gergo manageriale, non tanto per il significato semantico quanto per gli effetti psicologici che ha sulla mente, sugli umori e sulle emozioni di coloro che si devono confrontare con essa.

Far trapelare in un contesto lavorativo la parola cambiamento genera una serie di conseguenze che l'imprenditore o i manager farebbero bene a tenere sotto controllo, perché gli effetti sono sempre imprevedibili e spesso diversi da quelli che ci si aspetta. Parimenti, evitare di discutere dei cambiamenti è un altro errore da non fare: in un'epoca travolta dalla globalizzazione e da internet, non è più possibile rimanere fermi e non tenere conto della velocità con la quale il mondo sta cambiando.

Il punto focale è evitare che il cambiamento sia causa ed effetto di tensioni e di paure che tendono a bloccare e a insidiare il futuro dell'impresa. Per evitare le conseguenze nefaste di una cattiva gestione del cambiamento, o dei cambiamenti, ci sono principi e processi che vanno compresi.

Il primo aspetto da considerare è come le persone elaborano il cambiamento e i comportamenti che ne seguono. Ogni persona ha una parte di sé che è dedita al giudizio, al valutare cosa fare in base alle esperienze personali, al tenere conto di quello che hanno fatto gli altri e del loro giudizio. C'è poi un'altra parte che invece è dedita al fare, che vuole agire, che vuole passare ai fatti e lo vuole fare perché si conosce bene, conosce le proprie potenzialità e sa cosa fare. Tra queste due modalità si innescano delle tensioni che ci portano al non fare anche quando vorremmo fare; sono quei momenti in cui ci si nasconde dietro un "sarebbe bello" o un "mi piacerebbe", ma nulla si muove.

Ho vissuto tante situazioni in cui gli imprenditori non riuscivano a capire perché i loro collaboratori fossero renitenti a fare, a compiere le azioni necessarie in autonomia e con spirito di iniziativa. D'altronde se è chiaro cosa fare, dove andare e come fare, a livello logico e razionale ci sono tutti i presupposti per fare bene. Ma dobbiamo fare i conti con un assioma che è bene non dimenticare: noi siamo esseri emozionali che ragionano e non esseri razionali che si emozionano. Solo entrando in quest'ottica riusciremo a spiegarci cose che altrimenti ai nostri occhi apparirebbero inspiegabili.

Per capire quali sono le peculiarità dei componenti del team e come si possa avere un rendimento eccellente in azienda occorre prima di tutto evitare le generalizzazioni. Abbiamo già detto che ogni persona è unica e irripetibile, il che significa che è unica nei tratti caratteriali e nelle potenzialità. Ecco perché lo sforzo di conoscere le qualità e gli impedimenti che portano a non agire è fondamentale per il successo di un'azienda, così come per la felicità e il benessere della singola persona.

Questo però succede raramente, perché siamo sempre presi da tensioni interne ed esterne che ci impediscono di essere quello che veramente siamo, in un continuo scontro tra la voglia di fare e quella parte di noi che ci tiene a freno, che ci fa dubitare, che rende incerto qualsiasi scenario futuro... in altre parole, che crea delle interferenze allo sviluppo delle nostre potenzialità, al nostro fare!

In tanti si sono interessati al problema perché, oggi più di ieri, non possiamo permetterci di essere titubanti e incerti di fronte a un mercato che richiede sempre più velocità e decisionismo. Anche gli imprenditori e i dirigenti aziendali si trovano davanti a questo bivio, e devono affrontarlo con grande responsabilità visto l'importante ruolo che svolgono in azienda. Ci sono situazioni in cui la tensione tra quello che si vuole fare e quello che si deve fare determina un rallentamento dello sviluppo dell'azienda, quando non problemi ben più importanti.

La gestione di queste interferenze, la capacità di concentrarsi sul fare e non sul giudizio è un altro elemento di spicco che spiega il successo di alcune aziende e il fallimento di altre a parità di condizioni. Ogni giorno siamo presi dai problemi quotidiani che maturano in noi, da sensazioni ed emozioni che saranno fondamentali quando arriverà il momento di decidere cosa fare, ed è proprio in questo momento che l'emozione, la convinzione e le giuste motivazioni giocano un ruolo ben più importante dei numeri, del cash flow e del budget.

La storia delle imprese è infarcita di esempi di imprenditori che hanno fatto scelte apparentemente folli e che sono stati bravi a trasmettere al team la giusta dose di consapevolezza e motivazione. Al contrario, tante aziende hanno perso il treno del successo a causa della troppo debole convinzione ad agire di chi al vertice aveva capito cosa fare, ma non lo ha fatto! Sono coloro che quando vedono il concorrente che ha avuto successo seguendo il percorso che non hanno avuto il coraggio di seguire concludono con un laconico: «Era quello che volevo fare io!» Con la differenza, però, che gli altri l'hanno fatto davvero.

Infine, c'è anche l'esempio di quelle aziende nelle quali l'imprenditore sa quale strada percorrere e che, con decisione e consapevolezza, prende la strada del cambiamento, ma alle sue spalle ha dirigenti e manager (o coloro che nelle PMI si definiscono "braccio destro") che invece pensano che quei cambiamenti potranno mettere in discussione il loro ruolo, che vivono di paure e incertezze verso il cambiamento, che stanno bene nella "comfort zone" o che hanno paura di non saper fare.

Quando siamo di fronte alle difficoltà dettate da questa tensione continua tra il voler fare e il non fare, una delle principali vie di fuga è rappresentata dalle azioni e dagli atteggiamenti legati alla cultura aziendale, al "qui si fa così e si è sempre fatto così". Questo modo di fare e pensare nel tempo scava un solco nell'atteggiamento aziendale che installa credenze, abitudini e convinzioni molto difficili (ma non impossibili) da cambiare.

SEGRETO n. 16: tra la tua voglia di fare e il fare ci sono delle interferenze: riconoscerle e gestirle è l'unico modo per ottenere il massimo dalle tue azioni.

Per superare questi limiti occorre lavorare sul "come" si fanno le cose più che sul cosa si fa e perché si fa; se non si può prescindere da quello che bisogna fare, si può agire sul come lo si fa.

Non essere un boss autoritario, diventa un leader del benessere aziendale

Dopo aver messo a fuoco e chiarito l'importanza della gestione emotiva in azienda, e dopo aver evidenziato un aspetto chiave quale il continuo gioco tra la parte di noi pensante/giudicante e quella che invece è dedita al fare e all'agire, occorre rileggere in questa nuova chiave un concetto molto utilizzato nell'ambito manageriale: quello di leadership.

Benché negli ultimi anni questo concetto abbia avuto un ruolo di primo piano nelle aule formative, nella mia esperienza aziendale sul campo continuo a confrontarmi con "leader" che confondono ancora la leadership con il comando, l'essere leader con l'essere il boss. Il problema non sta tanto nella distinzione tra termini, quanto nelle conseguenze che l'azienda paga a seguito di questo errore. Infatti non avere una buona guida fa soffrire l'azienda di incapacità nel raggiungimento dei grandi traguardi, di quei grandi risultati che il vertice aziendale, e *in primis* il leader, cerca con tutte le sue forze.

Iniziamo anche qui con un principio che chiarisca il punto di partenza: i leader non esistono, esiste solo la leadership. Nessun dono dall'alto, nessuna straordinarietà, nessun gene particolare o carisma naturale: la leadership va costruita, allenata e seguita come una potenzialità da sviluppare. Il punto cruciale, quindi, non è capire se una persona è leader, ma capire che la leadership è una competenza relazionale e situazionale e, in quanto tale, è tarata non sul quanto si può essere bravi a comandare, ma sulla capacità di farsi seguire: insomma, se non si hanno i cosiddetti follower, non si è leader.

Proprio per questo in ogni momento il leader deve avere la capacità di scegliere e utilizzare lo "stile di leadership" più conforme al contesto che sta vivendo, alle persone che lo compongono e alle loro caratteristiche. È necessario che i veri leader seguano questo modello di comportamento, perché se c'è una caratteristica che nessuno può negare al vero leader è il problem solving, la capacità di essere in grado di affrontare le problematiche insieme al team o ai team aziendali e non con limitanti «se me lo faccio da solo faccio prima», che ancora troppo spesso si sentono nelle PMI, dove l'imprenditore cerca con grande affanno di seguire tutti e tutto.

SEGRETO n. 17: non esiste uno stile di leadership valido per ogni contesto, esiste invece una leadership situazionale che prevede un leader aperto, empatico e capace di comunicare e di ascoltare in ogni situazione.

Siamo di fronte a un nuovo tipo di approccio direzionale che, al contrario dell'opinione comune, vede protagonisti i collaboratori, la loro realizzazione nel fare quello che fanno in azienda e la loro motivazione che li spinge a dare tutto perché si sentono parte di un progetto imprenditoriale.

So cosa stai pensando: che tutto questo non funziona! E invece funziona, si tratta "solo" di cambiare il modo di pensare e di fare le cose, evitando le interferenze di cui parlavamo più sopra. Ed ecco alcuni suggerimenti. Per non lasciare dubbi sulla strada che dobbiamo intraprendere, usiamo un detto che in questo caso ci aiuta nella comprensione: "Il pesce puzza dalla testa". Sì, proprio così, ogni leader d'azienda deve porsi in questa condizione mentale: «Se nella mia azienda c'è un modo di fare e pensare sbagliato la colpa è mia». Senza esitazioni, senza continuare a trovare giustificazioni per dimostrare a sé stessi che non è così.

Andiamo per ordine e iniziamo con una domanda: chi è riconosciuto come leader nella tua azienda? Tu? Sei sicuro? Scrivi su un foglio almeno tre motivi per i quali ci potrebbero essere dubbi che tu sia riconosciuto come leader. Adesso verifica se nelle tue risposte trovi motivi di questo tipo: perché sono quello che paga gli stipendi, perché si fa quello che dico io, perché l'azienda è mia, perché tanto dei dipendenti non ti puoi fidare, perché sono l'unico a cui stanno a cuore le sorti dell'azienda e, soprattutto, perché senza di me l'azienda non va avanti.

Se hai riscontrato qualcuno di questi motivi, hai due alternative:
1) Rileggi questo libro almeno tre volte per intero e poi, se non riesci a seguire questo approccio, contattami prima che sia troppo tardi.
2) Continua così ma preparati al peggio, perché nel tempo questi

motivi condizioneranno (lo fanno già ora, ma evidentemente ancora non ne cogli gli effetti) molto e in negativo il buon funzionamento della tua attività economica.

Se invece non riesci a trovare i motivi, o sei indeciso, sei sulla buona strada per capire come far funzionare meglio la tua struttura. Se la leadership è, come detto in precedenza, relazionale e situazionale, significa che non c'è una leadership buona per tutte le stagioni, ma ci saranno degli "stili di leadership" che possono e devono essere utilizzati nei momenti giusti.

Le domande da porsi sono: Il leader sa quali sono le sue competenze relazionali? Il leader sa quali sono le risposte alle diverse situazioni? Ed è proprio con la risposta a queste domande che il leader "racconta la sua azienda" e valuta la coerenza tra la sua vision e la realtà che l'azienda sta vivendo, sottolineando con lealtà e consapevolezza le caratteristiche del funzionamento dell'impresa che guida e quelle della sua leadership. Può scoprire, ad esempio che il suo stile è:

- *Autocratico*: norme rigide, definisce tutto il leader e i collaboratori eseguono e basta; ovviamente essendo la leadership situazionale non possiamo dire se questo modo di gestire sia giusto o sbagliato, poiché esistono motivi validi che possono indurre un leader ad adottare questo tipo di leadership (ad esempio quando deve indicare ai collaboratori la linea da seguire per iniziare una nuova attività in azienda).

- *Democratico*: maggior coinvolgimento dei collaboratori, maggior dialogo e maggior condivisione.
- *Assente*: il leader lascia fare, massimo spazio, massima operatività, anche se questo non significa che non attivi un presidio delle attività, ma lo fa in maniera diversa.

Sono solo alcuni esempi, tra i più frequenti, per capire come può variare lo stile di leadership a seconda delle situazioni e perché un bravo leader deve essere capace di sceglierne uno, di applicarlo e di capire quando è il momento di cambiarlo. Questo modo di agire distingue un buon leader da chi non lo è.

Il vero leader è quello capace di accompagnare i suoi follower, senza per questo spingerli o trascinarli verso qualcosa, ma facendo leva su consapevolezza e responsabilità. Per arrivare a raggiungere questi risultati il leader deve:

- essere in grado di gestire il gap tra il dove si è (realtà) e il dove si vuole andare (vision);

- essere in grado di far crescere sé stesso e il suo team nella direzione che ha scelto, attraverso la strutturazione della vision;

- essere in grado di far riconoscere la sua autorevolezza dai suoi collaboratori.

Quindi il processo del buon leader consiste nel saper leggere le situazioni e nell'essere in grado di cambiare stile di leadership secondo gli obiettivi che in quel momento sono strategici perché venga riconosciuto come leader, per aumentare la qualità del team e per facilitare il raggiungimento degli obiettivi necessari per seguire la vision.

Su queste basi un imprenditore può capire se può essere un leader o meno; se infatti una persona che vuole guidare un'azienda in qualità di leader non possiede un vision e una consapevolezza sulla realtà, se non è in sintonia con il concetto di crescita dei collaboratori e se, infine, manca di riconoscimento di autorevolezza, avrà molte difficoltà a crearsi i follower (il seguito) che gli garantiscono il riconoscimento della leadership aziendale.

La criticità maggiore sta nel riconoscere in sé stessi, con sincerità e senza inganno, la presenza o meno di queste potenzialità, che si possono allenare, ma non creare dal nulla. Questo passaggio è molto delicato e pericoloso per la crescita di un'impresa e in alcune situazioni diventa addirittura un elemento di rischio vitale. Si pensi, ad esempio, al passaggio generazionale in azienda, da padre in figlio: il figlio possiede le caratteristiche del leader che tutti riconoscevano nel padre?

L'esempio del passaggio generazionale porta con sé due altri aspetti fondamentali per l'esercizio di una leadership efficace, due caratteristiche imprescindibili:

1. La *conoscenza*. Un vero leader è colui che sa. La conoscenza, anche tecnica, è la gemma da cui origina la vision e lo porta a essere, oltre colui che sa, anche colui che è capace di risolvere i problemi.

2. *L'esempio*. La prima forma di leadership è quella del genitore, non tanto perché eserciti l'autorità, quanto perché è l'esempio

che il bambino segue. Alla stessa stregua, il leader deve essere un esempio da seguire (questo è fondamentale).

Quando pensiamo alla leadership, dobbiamo capire che siamo nel campo delle relazioni umane. Nei contesti lavorativi, i leader giocano la propria partita sulla qualità delle relazioni, mettendo in gioco stile di leadership, conoscenza ed esempio. Le buone e le cattive relazioni rappresentano rispettivamente il campo da gioco dove si formano i follower del leader e la distanza dei collaboratori dal leader.

In questi processi si innestano dei rischi, perché molti vogliono fare i leader ma in realtà fanno i capi, dicono di essere leader senza rendersi conto che in realtà non lo sono e liquidano tutto con un «io pago, io comando e quindi sono il leader». Siamo entrati nel campo dello stretto rapporto che lega le relazioni tra individui alla leadership aziendale. Una delle caratteristiche del vero leader è la capacità di far crescere i propri collaboratori. Infatti, attraverso il movimento che la struttura fa per seguire la sua vision, si crea un accrescimento delle competenze e i collaboratori vengono coinvolti nel processo di crescita, che sarà tanto più efficace quanto più i collaboratori diventeranno follower del leader e quindi fortemente motivati a migliorare.

SEGRETO n. 18: il vero leader non è quello che si autoproclama leader ma quello che è seguito dai suoi follower; un leader senza follower non è un leader.

Abbiamo detto che essere leader non è una dote naturale o un patrimonio genetico e occorre che i leader abbiano le seguenti competenze (e che siano coscienti della loro importanza):

- Capacità di comunicazione e relazione: è necessario che il leader viva l'azienda, che sappia celebrare le vittorie, premiare chi lo merita ed essere bravo a gestire difficoltà e conflitti.
- Capacità di ascolto: da non confondere con il sentire, l'ascolto è attivo; il leader deve stare attento a tutte le sfaccettature dell'ascolto, altrimenti rischia di non cogliere i messaggi e gli input che arrivano dalla struttura.
- Capacità di riconoscere le potenzialità del singolo individuo e di ciascun team aziendale: altro passaggio fondamentale che coinvolge le competenze del leader.

Per seguire queste attività, ci sono tanti strumenti a supporto dei leader, che spesso però sono restii a usarli perché ritengono di non aver bisogno di supporti tecnici. Si tratta di un errore molto frequente che viene pagato a caro prezzo. Rimane il fatto che avere consapevolezza delle dinamiche interne all'azienda aiuta e supporta le scelte e le decisioni da prendere e permette al leader di assumersi la responsabilità in modo più efficiente ed efficace per l'azienda.

La funzione del leader è fondamentale perché a lui è demandato il compito di far funzionare un'azienda come fosse un corpo umano dove tutti i pezzi sono collocati al posto giusto, hanno le giuste caratteristiche e funzionano al meglio. L'aspetto che più di tutti mette a nudo le caratteristiche del leader e la sua predisposizione a esercitare una buona leadership è rappresentato dal processo di delega. Nella delega si nascondono molte insidie legate al modo di essere del leader, al punto che, non di rado, capita che si faccia passare per delega qualcosa di profondamente diverso, quando non diametralmente opposto.

L'insidia principale che sta alla base del cattivo funzionamento del processo di delega è la paura di perdere il controllo, che è il più grosso nemico della delega reale. Nelle PMI italiane questo è un problema molto serio perché, laddove la delega non è funzionante, ti accorgi subito che il leader non delega perché:

- non vuole perdere il potere;
- ha paura di non sapere;
- deve farlo lui, perché solo lui sa farlo come si deve.

In sintesi, gli imprenditori non amano cedere lo scettro. La conseguenza diretta di questa situazione è che l'imprenditore non cede nulla, non cede responsabilità o, peggio, il dominio sulle cose. La sua quotidianità si riempie sempre più di attività che appesantiscono il suo vivere come persona, prima ancora che come imprenditore. E la situazione peggiora sempre di più – sia se l'azienda va male, sia se sta migliorando nei risultati – innescando un circolo vizioso molto pericoloso per la salute dell'imprenditore e dell'azienda.

Difficilmente un leader riconosce questo limite, anzi non mi è mai successo che qualche imprenditore abbia riconosciuto spontaneamente che il processo di delega innescato non era efficace. Quasi tutti gli imprenditori si impegnano a dimostrare il contrario, anche se alla fine viene fuori che la delega attivata non è una delega che fa crescere il collaboratore delegato, ma è un semplice passaggio di mani di un problema da risolvere.

Per facilitarti il compito, al fine di implementare un buon processo di delega, ti suggerisco un esercizio. Prova a delegare qualcosa che ti piace fare e dimostra di saper cedere il potere su quell'attività attraverso una delega che abbia il sapore della crescita del collaboratore che mette in pratica quell'attività. Non limitarti a passargli problemi da risolvere, non ci sarà nessuna crescita, ma solo stress. Questo è un modo per farsi riconoscere veramente come leader!

Ovviamente, prima di mettere in atto questo processo occorre che il leader sia capace di individuare la persona adatta, quella che ha non solo le competenze tecniche ma anche quelle relazionali, una persona consapevole del ruolo che deve svolgere e soprattutto motivata al punto giusto. Ma questa è un'altra questione che vedremo nel prossimo capitolo.

RIEPILOGO DEL CAPITOLO 4:

- SEGRETO n. 14: per gestire meglio l'impresa, concentrati su obiettivi e attività che sono sotto il tuo controllo.

- SEGRETO n. 15: non interessarti tanto al "cosa" ottenere ma al "come" ottenerlo, mantenendo sempre un atteggiamento proattivo e non reattivo.

- SEGRETO n. 16: tra la tua voglia di fare e il fare ci sono delle interferenze: riconoscerle e gestirle è l'unico modo per ottenere il massimo dalle tue azioni.

- SEGRETO n. 17: non esiste uno stile di leadership valido per ogni contesto, esiste invece una leadership situazionale che prevede un leader aperto, empatico e capace di comunicare e di ascoltare in ogni situazione.

- SEGRETO n. 18: il vero leader non è quello che si autoproclama leader ma quello che è seguito dai suoi follower; un leader senza follower non è un leader.

Capitolo 5:
Come rendere competitiva la tua azienda

Dice un vecchio adagio che «i soldi non fanno la felicità». «Però fanno stare contenti», diceva mio padre. Potrebbe trattarsi di una convinzione limitante ma, nelle mie visite aziendali, noto che l'elemento economico detiene ancora il primato di incentivo più gettonato nel rapporto con i collaboratori. È giusto o sbagliato? Dipende. Vediamo da cosa.

Nelle mie interviste a imprenditori e manager si fa un gran parlare di stipendi, bonus e incentivi che servono a tenere alti l'umore, il rendimento e l'efficienza del sistema organizzativo. Nulla di più vero, infatti chi non lavora per i soldi? Chi non ha piacere a guadagnare di più?

Con i soldi guadagnati sul lavoro non si ha soltanto la possibilità di essere contenti del giusto premio per il lavoro fatto, c'è anche la possibilità di vivere meglio, di avere una maggiore capacità di spesa e di potere e, perché no, di salire la scala gerarchica aziendale e sociale.

Quale fattore può essere considerato più motivante? In realtà le cose non stanno esattamente così, guai a negare quanto detto finora, ma purtroppo i fatti, le ricerche e gli esperimenti nel tempo non hanno dato ragione a chi vede "solo" nella retribuzione e nelle ricompense i fattori determinanti perché le persone lavorino al massimo delle loro possibilità, innalzando di conseguenza la qualità delle performance aziendali.

Siamo arrivati a quello che potremmo considerare il cuore del problema, perché se abbiamo una vision ben chiara e definita, degli obiettivi concreti, dei piani di azione efficienti ed efficaci, uno stile di leadership degno di un grande leader e siamo bravi a gestire l'utilizzo equo e incentivante del denaro, possiamo certamente affermare che l'azienda funziona, che è efficace ed efficiente.

Possiamo quindi dedicarci alle attività economiche e finanziarie, alle vendite, alla gestione dei costi, al margine operativo lordo, al ritorno degli investimenti, al conto economico e allo stato patrimoniale, al rapporto con credito e finanza. Insomma, sembra che ogni tassello sia al suo posto!

In realtà le cose non sono così semplici, perché siamo di fronte a situazioni gestite, vissute e "manovrate" da persone, individui caratterizzati dall'emozionalità che mettono in ciò che pensano e in ciò che fanno, dalle esperienze personali, dal loro sapere, dai loro obiettivi e, soprattutto, dalle loro aspettative personali. Ognuno diverso dall'altro, ognuno con il suo essere e con la sua voglia di fare per l'azienda, ma anche per sé stesso. Qualche imprenditore si illude ancora che questi argomenti siano poco importanti di fronte ai costi e ai ricavi e continua a gestire l'azienda nella cosiddetta "vecchia maniera".

Ma vediamo perché è così importante valutare altri fattori che possono determinare la vita o la fine di un'impresa, il successo o il fallimento di un'attività economica. Tutto nasce da quello che possiamo individuare come il motore dell'agire di ognuno di noi, la motivazione.

SEGRETO n. 19: le motivazioni intrinseche sono il vero carburante del fare bene.

Dal punto di vista etimologico, il termine motivazione indica un movimento verso qualcosa, verso un desiderio, verso ciò che si vuole ottenere, e questo movimento è una spinta ad agire nella direzione voluta. Se una persona sente questa pulsione, che si traduce in motivazione, significa che mostra la natura di un'emozione e di un bisogno da soddisfare. Quindi, quando un individuo è spinto dalla motivazione intende muoversi nella direzione del soddisfacimento di un bisogno.

Se parliamo di motivazione nel campo del lavoro, siamo di fronte a input, emozioni e atteggiamenti psicologici e cognitivi che possono originare sia da fattori interni (i cosiddetti fattori intrinseci) sia da fattori esterni (i cosiddetti fattori estrinseci). Conoscere e gestire i fattori che determinano la motivazione degli individui legati all'azienda è il modo più efficace ed efficiente per generare un'azienda di successo attraverso un sistema organizzativo funzionante.

In sostanza, quando il vertice aziendale è in grado di capire e conoscere le esigenze e i bisogni dei suoi uomini, è anche in grado di attivare determinati comportamenti perché riesce a motivare le persone nella giusta maniera. I fattori estrinseci – come stipendi, bonus o altro – sicuramente fungono da poderoso incentivo sul breve termine, ma perdono la loro importanza sul lungo termine, dove addirittura rischiano di diventare fattori limitanti della performance personale e aziendale.

Quando una persona inizia a lavorare, soprattutto nel primo periodo tende a dare maggiore importanza alla tranquillità economica che la retribuzione gli permette di raggiungere. Quindi, poiché il *focus* non è sulla prestazione lavorativa, la persona è impegnata a lavorare bene soprattutto per essere remunerata e non per dare importanza ai contenuti e al desiderio di fare quel particolare tipo di lavoro.

Questa tendenza ha conosciuto una forte impennata nell'ultimo decennio perché, a causa della profonda crisi che abbiamo vissuto e che stiamo vivendo, nella fase di ricerca del lavoro si tende a dare importanza soprattutto agli aspetti retributivi, che non sono solo il denaro, ma anche i cosiddetti benefit – buoni pasto, servizi sanitari per la famiglia, buoni benzina o buoni spesa –, oppure ad altri fattori esterni come la flessibilità nell'orario di lavoro.

Nel tempo, però, ci si abitua a questo *status* e quello che era molto soddisfacente lascia lentamente spazio ad altro; parliamo di fattori più vicini all'essenza e al piacere intrinseco del lavoro, cioè il gusto e il desiderio di fare quello che piace.

SEGRETO n. 20: premiare le performance con il denaro a volte può avere un effetto negativo sulle performance stesse.

Ci sono segnali spesso ben visibili di questo cambiamento, perché il livello di entusiasmo si abbassa, così come l'attenzione sul lavoro e sulle problematiche da risolvere. Inizia a palesarsi una sorta di mancanza di piacere. Uno degli errori classici che si commettono, quando il lavoratore non è particolarmente motivato, è quello di provvedere con un aumento di stipendio, che magari lo stesso lavoratore richiede. Ma è un problema perché, essendo il denaro un incentivo esterno, nulla lo lega alla motivazione interna, quella che proviene dall'essere un individuo che vuole fare quello che gli piace, com'è naturale che sia. In una mia statistica personale ho notato che l'effetto "aumento stipendio" non dura più di due mesi; al terzo mese si avrà di nuovo un lavoratore poco motivato che fa il lavoro per cui viene pagato.

Quindi occorre necessariamente tenere presente una nuova dimensione del lavoro caratterizzata dal piacere intrinseco provato per quello che si fa. In questo modo si entra in un nuovo campo d'azione, quello che prevede una stretta relazione tra motivazione e prestazione; più nello specifico, tra motivazione intrinseca e performance. Potremmo sintetizzare il concetto sostenendo che la relazione tra motivazione e performance raggiunge la massima espressione quando si evidenzia un terzo fattore relazionale: la soddisfazione.

Si innesca una sorta di relazione circolare perché la soddisfazione che si prova nel fare quel lavoro determina la motivazione giusta che, a sua volta, dà spazio alla high-performance dei collaboratori. Ma come si attua e come si gestisce questa relazione?

Ricerca gli elementi di sviluppo della motivazione personale

Sgombriamo il campo da eventuali dubbi: non esiste una formula matematica o una formula magica che possa garantire la massima prestazione delle persone. Esistono invece delle variabili che, se ben gestite, possono garantire un risultato positivo in termini di buon funzionamento del sistema organizzato d'impresa. Vediamo quali sono le principali.

Innanzi tutto occorre capire quali sono le abilità necessarie per svolgere una mansione. Lavori che richiedono abilità particolari, complesse o più abilità sono sicuramente diversi e più stimolanti rispetto ai lavori routinari e ripetitivi (questo è il motivo per cui, di solito, nei lavori routinari c'è molto turnover).

In genere la motivazione e la soddisfazione sono più alte quando si è in presenza di prestazioni più complesse che richiedono l'utilizzo di diverse abilità.

Un altro elemento di incentivo alla motivazione è legato a quanto il lavoratore si sente capace di svolgere quella mansione e a quanto questa contribuisce al raggiungimento del risultato aziendale. Più questo risultato è visibile e misurabile, più cresce la soddisfazione per quello che si è fatto.

C'è poi l'importanza che il lavoro svolto ha all'interno del contesto in cui si effettua e anche all'esterno. Sentirsi partecipi con il proprio lavoro a delle finalità che sono importanti anche a livello sociale è un ottimo stimolatore di soddisfazione e di motivazione.

L'autonomia rappresenta un altro elemento di crescita e responsabilizzazione che impatta sulla motivazione. Discrezionalità e libertà d'azione sono ovviamente legate al contesto e alla mansione, ma il principio è che le persone sono soddisfatte quando mettono qualcosa di proprio in quello che fanno: l'autonomia porta sempre con sé il coinvolgimento.

Da ultimo, ma non per importanza, ci sono i feedback. Le persone sono portate a migliorarsi e a correggersi se viene data loro la possibilità di sapere come stanno andando. Attenzione però, il feedback deve essere relativo alla performance lavorativa e non alla persona. In base a quanto ho potuto constatare nelle aziende, spesso il feedback viene vissuto dall'imprenditore o dal manager come un giudizio, una messa in evidenza delle criticità che spesso risultano essere scoraggianti e demotivanti. Un processo di feedback che tenga conto dei risultati e che risulti incoraggiante e stimolante dà spazio, invece, al desiderio di miglioramento.

SEGRETO n. 21: i principali elementi di sviluppo della motivazione personale sono: possedere le giuste abilità, sentirsi capaci, riconoscere l'importanza del lavoro svolto, avere autonomia, ottenere dei feedback.

Queste variabili giocano un ruolo molto importante nella sfera della motivazione dei collaboratori, ma non esaustivo, perché è necessario che anche il vertice aziendale sia attento a inquadrare la persona giusta nel posto giusto. Vediamo quali sono le strategie migliori da applicare.

Ricerca i migliori incentivi per il benessere
Negli ultimi trent'anni il tema degli incentivi è stato affrontato, dalle aziende e dai lavoratori, in maniera diversa rispetto agli anni precedenti. Nelle piccole e medie imprese, e ormai anche nelle

grandi, è maturata la consapevolezza che sia interesse di tutti stare bene in azienda, convivere in armonia e avere come scopo comune il benessere. Indubbiamente il fattore economico la fa ancora da padrone – e abbiamo detto che questo non è un bene in assoluto perché, se mal gestito, diventa strumento di limitazione di quelli che abbiamo definito fattori intrinseci.

Facciamo l'esempio di un collaboratore che fa un lavoro basato sulla creatività e svolge questo lavoro con talento e passione perché lo sente proprio (diciamo che ha una vera e propria vocazione). L'imprenditore o il manager che lo gestisce avrà nei suoi confronti un occhio di riguardo, tenderà a premiarlo per il suo comportamento e magari anche per i risultati ottenuti, ma è proprio qui che può scattare una trappola subdola. In questo modo, infatti, si definisce un rapporto diretto tra risultato e premio e il collaboratore rischia, nel tempo, di essere incentivato a fare bene sempre meno per una questione di vocazione e di passione e sempre più perché ottiene un incentivo economico. In altre parole, non è più mosso da un fattore intrinseco ma da uno estrinseco.

Di per sé questo non è un male, ma alla lunga la conseguenza rilevante potrebbe essere la diminuzione del livello di performance, perché:

- se non vengono più dati gli incentivi, il collaboratore tende a diminuire la prestazione;
- il gusto e la passione nel tempo lasciano spazio alla soddisfazione per il risultato economico;
- c'è il rischio che qualcuno (vedi i concorrenti) offra incentivi economici più importanti, cosa molto più difficile quando si tratta di incentivi intrinseci.

La conclusione non è matematica, capiamoci, gli incentivi economici sono sempre consigliati, laddove è possibile, ma rimane il fatto che non basta pensare a remunerare il lavoro con il denaro, perché altrimenti potrebbero verificarsi fenomeni diversi da quelli attesi.

Come abbiamo visto, un fattore fortemente incentivante è la capacità del leader di creare relazioni di fiducia, di essere seguito, di avere dei follower. La fiducia nell'azienda e nell'ambiente va curata anche per quanto riguarda la relazione tra i vari collaboratori, perché in questo modo si genera una positività di umori e di relazioni costruttive che facilita la comunicazione efficace e quindi lo scambio di informazioni.

Pertanto è necessario promuovere il lavoro di team il più possibile, soprattutto per le mansioni più routinarie, e cercare di ridurre la noia e il malessere che si manifesta nei lavori ripetitivi. Creare dialogo anche tra diversi livelli gerarchici aiuta le persone a sentirsi partecipi.

Passiamo a un altro incentivo molto importante: la partecipazione all'identificazione della vision e il coinvolgimento nelle decisioni, soprattutto quelle operative. Molti imprenditori e manager lamentano una certa distanza dai propri collaboratori, rei di non interessarsi all'andamento dell'azienda e di lavorare solo per lo stipendio. Ma la domanda che pongo in questi casi è: quanto sono stati coinvolti questi collaboratori nel processo aziendale che ha portato alla definizione di obiettivi e strategie? Quanto sono stati resi edotti dei cambiamenti e del modo di operare che si è scelto di seguire? Quante volte è stato chiesto il loro parere?

Con buona pace di chi pensa che i collaboratori debbano limitarsi a svolgere la mansione che è stata loro assegnata perché sono pagati per quello e per non pensare, nel tempo si è dimostrato che le persone, a qualsiasi livello, rendono di più e sono più efficaci se si sentono coinvolte in un progetto. Una delle conseguenze più concrete e positive di questo modo di operare è la progressiva diminuzione del fenomeno dell'assenteismo, perché le persone si sentono più coinvolte, più responsabili del progetto e del risultato finale e, soprattutto, più attente a non mettere in difficoltà i colleghi.

SEGRETO n. 22: seguire un buon leader, lavorare in un team, essere coinvolti nella visione sul futuro e lavorare in un ambiente positivo sono gli incentivi più potenti.

Uno degli incentivi più potenti e performanti è rappresentato dal buon umore. Proprio così, lavorare in un clima sereno e positivo permette di raggiungere risultati a volte sorprendenti. D'altronde anche nella vita privata c'è una bella differenza fra quando "vogliamo" fare una cosa, con gioia e felicità, e quando la "dobbiamo" fare per forza, spesso con rabbia e frustrazione.

Ci stiamo addentrando nel campo delle emozioni che, come abbiamo visto nei precedenti capitoli, sono un caposaldo della buona gestione d'impresa, un fattore critico e determinante per un'azienda in cerca di grandi prestazioni. Mi domandano spesso come si faccia a generare emozioni positive e la risposta è che, anche in questo caso, non esiste una formula scientifica. Ma alcuni accorgimenti possono aiutare.

Innanzi tutto permettere ai collaboratori di personalizzare il loro ambiente di lavoro nel limite delle regole e del decoro, perché li aiuta a sentirsi in uno spazio proprio. Un altro stimolo è rappresentato dalla musica: si può ricorrere alla filodiffusione oppure, nel limite delle possibilità legate alla mansione, si può permettere di ascoltare musica con le cuffie.

Un'iniziativa che in passato ha dato belle soddisfazioni è quella di permettere a tutti di dare il proprio contributo, anche sulle questioni relative alle regole e alle politiche comportamentali da seguire. Per garantire la privacy e il superamento di paure e timori nel proporre cambiamenti si può collocare, in una zona dell'azienda fruibile a tutti, una cassetta della posta dove ognuno può dare il suo contributo in modo anonimo e costruttivo (anche in merito a eventuali aspetti negativi).

Un esempio può chiarire quanto queste piccole cose possano tradursi in grandi risultati. L'azienda 3M, una multinazionale che navigava in cattive acque a causa di una forte contrazione del mercato, decise di adottare questo sistema della cassetta. Un operatore di magazzino aveva notato la presenza di grosse scorte di carta e di colla difficilmente smaltibili, cosa che aveva importanti conseguenze negative sul bilancio. Scrisse una nota in cui proponeva di spalmare della colla sui fogli ritagliati in modo che le persone potessero usarli per ricordare delle cose: nacquero così i Post-It!

Altri incentivi sono parlare in positivo e cercare sempre l'ottimismo anche nelle situazioni più complesse, utilizzare in maniera intelligente gli strumenti di feedback (tra questi suggerisco uno dei più efficaci, il feedback 360°) e coltivare continuamente e senza indugio la cultura dell'onestà e della trasparenza. I collaboratori sono molto sensibili a riguardo e sono particolarmente attenti alla valutazione delle prestazioni e, più in generale, a tutte le regole di policy adottate in azienda. Aumenti di stipendio e avanzamenti di carriera sono processi che vanno descritti e portati a conoscenza perché, se non gestiti bene, diventano dei forti limitatori della motivazione e quindi della qualità della performance.

Infine affrontiamo un capitolo molto complicato relativo agli incentivi motivazionali: la competitività interna all'azienda. Non è raro riscontrare nelle aziende una cultura della competitività basata sulla convinzione che porta benefici perché stimola le persone a vincere e quindi a dare il massimo. Soprattutto nel campo delle vendite questo modo di pensare è molto popolare. Nel tempo però questo tipo di atteggiamento si rivela molto pericoloso, perché sposta l'attenzione, il *focus*, dall'obiettivo aziendale a quello personale nei confronti dei colleghi, creando così una distanza che si traduce in un atteggiamento solitario di caccia al risultato.

La continua ricerca della vittoria contro l'avversario/collega genera un forte livello di stress che, come in un circolo vizioso, aumenta ancora di più l'isolamento del singolo a discapito delle potenzialità del team. Inevitabilmente, quella che a breve termine sembra essere una buona soluzione, alla lunga si trasforma in un problema molto serio, perché si assiste a un calo della produttività perfino in ambiti, come la vendita, dove questa competitività dovrebbe dare i migliori risultati.

Ricerca le capacità individuali (un grande tesoro)

In molte parti di questo libro è stata sottolineata l'importanza del coinvolgimento dei collaboratori nei processi decisionali, nel fissare obiettivi, nel condividere la mission. Ma come si crea il coinvolgimento di un collaboratore? Stimolando e sviluppando la sicurezza nelle sue capacità e negoziando obiettivi e processi.

La sicurezza nelle proprie capacità è legata al concetto di *autoefficacia* (Bandura, 2000), definita la convinzione circa la propria capacità di organizzare ed eseguire le sequenze di azioni necessarie per produrre determinati risultati. Aiutare e sostenere i membri dell'organizzazione in questo processo di crescita è la cosa più interessante che l'azienda possa fare per arrivare a ottenere il massimo da un collaboratore, perché un alto livello di autoefficacia produce motivazione e un conseguente aumento della performance. Al contrario, le persone dotate di un basso livello di autoefficacia saranno sempre limitate nelle loro prestazioni e tendenzialmente inseguiranno sempre obiettivi al di sotto delle loro reali possibilità.

La convinzione circa le proprie capacità si lega alla motivazione e alle capacità, di conseguenza, per arrivare a ottenere alti livelli di performance, occorre innanzi tutto stabilire quali sono le caratteristiche che deve avere il collaboratore per svolgere una determinata mansione. Non parliamo di caratteristiche tecniche, le cosiddette hard skills, ma di caratteristiche legate alla persona, quelle che abbiamo chiamato tratti unici e caratteristici, in una parola: le soft skills.

Quando si selezionano persone per incarichi e mansioni occorre prestare più attenzione alle soft skills, alle caratteristiche proprie della persona e individuare la compatibilità tra queste e quelle necessarie per svolgere al meglio quella mansione. Lavorare in squadra o da solo, essere competitivo o meno, essere dotato di empatia o non essere bravo a comunicare, avere un buon livello di autoefficacia, essere creativo o tendenzialmente rigido nell'agire determinano che genere di mansione una persona può svolgere. Non dare importanza a queste rilevanti questioni significa sfidare la sorte dell'azienda.

Un dirigente con ottime competenze tecniche, ma che non sa comunicare o lavorare in gruppo, quasi sempre diventa un grande problema sia per il clima del gruppo sia per l'imprenditore che ha paura a sostituirlo (perché ritiene le competenze tecniche una priorità). Questo è un classico esempio di come un'azienda può subire le conseguenze di questi errori di valutazione. Un suggerimento utile è di impostare una sorta di *curriculum vitae* delle soft skills da sottoporre in fase di colloquio. Aiuta a capire la persona che si ha di fronte.

Una volta definita la figura giusta, occorre che si lavori sulla negoziazione con i collaboratori, un tema di cui si sente spesso parlare perché gli imprenditori e i manager ne percepiscono l'importanza, anche se non sempre quello che fanno, e soprattutto quello che pensano, è in linea con gli assunti dichiarati. Il primo limite che si evidenzia è proprio l'atteggiamento del vertice aziendale perché, in linea di principio, quello che conta per quest'ultimo è arrivare ai propri obiettivi, alla propria soddisfazione del bisogno che non sempre coincide con quello del singolo collaboratore. Quindi si genera il rischio (per la verità molto frequente) di una distanza tra le parti, che porta il collaboratore a lavorare male perché sente che lo "deve" fare per il suo capo e non per soddisfare un suo bisogno.

Occorre invece entrare nell'ottica della soddisfazione dei bisogni reciproci cercando forma e sostanza per arrivare a raggiugerli. Questo non significa che non vadano rispettate la catena del potere e le gerarchie aziendali, ma che questi rapporti devono essere gestiti tenendo conto che parliamo sempre di persone mosse da bisogni personali, a qualsiasi livello.

Un esempio classico può essere quando l'imprenditore si esprime così: «Non fa quello che gli dico e questo mi fa arrabbiare!» Un classico nel rapporto imprenditore/collaboratore. In molti casi si registra che il non fare, da parte del collaboratore, origina proprio dal fatto che l'imprenditore si è posto un obiettivo sulla sua attività senza tenere conto di quello che pensa e che vuole.

SEGRETO n. 23: ricerca sempre le potenzialità possedute da ogni membro dell'azienda e crea un legame tra le potenzialità e la mansione svolta, così potrai ottenere sempre il massimo.

La soluzione a queste problematiche risiede in un nuovo atteggiamento dell'imprenditore che deve passare necessariamente per queste tre fasi:

- conoscenza delle caratteristiche e delle potenzialità del collaboratore: ognuno va preso per quello che è, e il leader deve esserne consapevole perché è il responsabile;
- accordarsi con i collaboratori sulle responsabilità, cioè sulla loro capacità di mantenere gli impegni presi;
- negoziare le responsabilità prima ancora degli obiettivi.

Queste sono azioni che devono essere necessariamente governate dalla leadership aziendale. E' sempre il leader che promuove la relazione con il collaboratore sulla performance e sul risultato; se questo non succede e lo stesso collaboratore che viene responsabilizzato delle colpe e della mancanza di risultati il leader sta facendo un grave errore: sta abdicando la leadership!

Conoscere e negoziare attività, obiettivi e responsabilità sono quindi i capisaldi di un rapporto sano con i propri collaboratori.

RIEPILOGO DEL CAPITOLO 5:

- SEGRETO n. 19: le motivazioni intrinseche sono il vero carburante del fare bene.

- SEGRETO n. 20: premiare le performance con il denaro a volte può avere un effetto negativo sulle performance stesse.

- SEGRETO n. 21: i principali elementi di sviluppo della motivazione personale sono: possedere le giuste abilità, sentirsi capaci, riconoscere l'importanza del lavoro svolto, avere autonomia, ottenere dei feedback.

- SEGRETO n. 22: seguire un buon leader, lavorare in un team, essere coinvolti nella visione sul futuro e lavorare in un ambiente positivo sono gli incentivi più potenti.

- SEGRETO n. 23: ricerca sempre le potenzialità possedute da ogni membro dell'azienda e crea un legame tra le potenzialità e la mansione svolta, così potrai ottenere sempre il massimo.

Conclusione

Nell'era della digitalizzazione e della globalizzazione sono cambiati i fattori critici di successo, è cambiato il modo di pensare il funzionamento dell'azienda, sempre meno imbrigliata nelle maglie delle rigidità e sempre più orientata all'idea vincente, alla creatività fatta processo, in un continuo alternarsi di sviluppo e innovazione, ma anche di consolidamento processuale.

Di fronte a questa situazione gli imprenditori sono in difficoltà. Ecco perché nasce il metodo D.I.G.E.R., uno schema di lavoro per imprenditori e manager che vogliono qualcosa di nuovo e di diverso nella gestione della loro azienda, che comprendono l'importanza di questioni, solo apparentemente di principio, che si traducono con la massima concretezza nella quotidianità.

In questo contesto economico e produttivo complesso e pieno di incertezze, l'obiettivo principale di ogni azienda rimane quello di massimizzare i profitti. Attraverso il metodo D.I.G.E.R. si mette in campo un nuovo approccio legato alle performance operative delle persone e non al business in senso stretto.

Questo metodo non promette tout court di arrivare a fatturare e guadagnare di più, perché il risultato finale dipenderà da quanto imprenditore e strutture operative si impegneranno ad applicare questo nuovo modo di pensare l'agire aziendale. Siamo in presenza di un cambio di cultura d'azienda che mette al centro dell'attenzione la persona e non il risultato che produce.

Attraverso il metodo D.I.G.E.R. abbiamo visto come la redditività viene considerata un prodotto finale, una logica conseguenza riconducibile al miglioramento del processo dove, al centro dell'attenzione, non c'è l'attività ma l'essere umano, che diventa il protagonista.

Questa nuova cultura aziendale non è indifferente all'incremento del fatturato o delle marginalità, che rimangono il faro e l'anima dell'attività imprenditoriale, ma affianca a una visione troppo radicale sulla finanza e sull'economia d'impresa una visione più votata al processo, alle persone e al loro comportamento e non a quello che, in ultima istanza, producono. L'azienda è fatta di persone e la logica conseguenza è che più le performance individuali aumenteranno, più la performance aziendale migliorerà!

Questo concetto, come abbiamo visto, in molti casi si traduce semplicemente in aumento di stipendio o in incentivi estrinseci. Occorre ripensare, in questa nuova visione, all'applicazione di una serie di strategie che rappresentano un mix di fattori estrinseci ma anche, e in alcuni casi soprattutto, di fattori intrinseci.

Le aziende di successo ormai hanno già adottato questi metodi da tempo, trasformando il modo di stare in azienda e di lavorare. Nel futuro i principi del metodo D.I.G.E.R. saranno fondamentali per la stessa sopravvivenza aziendale, indipendentemente dal settore e dalla dimensione dell'azienda!

Mi farebbe piacere avere un feedback o più semplicemente un commento su quanto hai letto, per questo ti aspetto sulla mia pagina Facebook o sul mio sito http://www.ernestopetricca.it/ dove potrai trovare altre notizie e informazioni sul tema del cambiamento e delle strategie aziendali. Se invece vorrai contattarmi per valutare insieme le problematiche che ti trovi ad affrontare con difficoltà, non esitare a scrivermi a: info@ernestopetricca.it

Ti aspetto!

Ernesto Petricca